本书为上海社会科学院创新工程
社会主义政治经济学创新学科资助成果

清代科舉監察

刘社建 著

東方出版中心

自 序

不知其他读书人是不是与我一样，我是一直有个科举情结的。或许小时候文化过于贫乏，太多的知识来自戏曲，像什么女驸马、三篇文做得好直接放五品州官之类的故事，我一直都信以为真。后来在很长一段时间里也曾自认为，如果生在古代，能不能中状元不好说，中个进士应该不成问题。

大学毕业后到北京读书，也曾去国子监看过进士题名碑，不过当时并不觉得有什么了不起。后来逐步接触一些相关知识，在读了一些书后，觉得当时实在是太过幼稚。别说中进士，就是中个秀才的难度似乎也比现在博士毕业难得多。几年前重去北京国子监再看进士题名碑，无形中就增加了许多敬畏。

七年前开始从事纪检监察工作。在学习古代监察知识的过程中深以没有合适的教材为苦，于是就有了一个自己写一本的想法。经过努力，《古代监察史》于 2018 年出版。在撰写《古代监察史》的过程中，我了解到对科举加以监察以杜弊端，是古代监察制度的重要职责之一，尤其是在清代。在写《清代监察史》的过程中，进一步搜集到清代加强科举监察方面的资料，深感这一块有进一步深入挖掘研究的必要性，尤其是以发挥监察制度的作用来加强科举监察为主题的专著还没有见到。

在搜集资料的基础上，我于去年底完成了《清代科举监察》初稿。完成初稿后也曾犹豫好久，是不是有必要正式出版，毕竟个人出版一本书并非易事 。经过思考以及进一步阅读有关资料，感觉还是有其出版的价值，于是修改完善，形成此书。

我是学经济学出身的，虽然很喜欢历史，但毕竟未受过专门训练。在写作出版《古代监察史》的过程中，有两位老师的话对我有较大的触动。一位老师称，写古代监察的书有什么用，要深入研究问题多写论文才是。对这个老师的诘问，我觉得在当时背景下是有必要写本普及性的书的，可以让大家更好地了解古代监察知识。另一位老师说，一般是学者退休后才写什么史，你现在这么年轻为什么要写监察史？我当时沉默以对，但内心觉得，有些事还是该做的时候就去做，写书也是一样。虽然写了十余本经济方面的书，但觉得这些书并不一定比监察史的书更有意义。那些经济方面的书也许很快就会默默无闻，而《古代监察史》一定会在古代监察研究中占据一席之地。

《古代监察史》《清代监察史》和这本《清代科举监察》可称是监察三部曲。这几年工作上冷暖自知，对个人而言开辟一个新的研究领域、写几本书，倒是当时从事这项工作时所始料未及的。另有两本监察方面的书虽然完成的时间比《清代科举监察》早，但出于多种原因这两本书尚在出版的过程中。

《清代科举监察》顾名思义是研究针对科举的监察，在介绍有关清代监察制度与科举制度的基础上，重点考察清代政府对科举的监察，对清代监察的介绍较此前的书有进一步扩展。曾经写过若干清代监察方面的论文，但可能水平不够且毕竟非科班出身，虽然自认为相关研究从未有学者关注研究过，但仍然发表无门，于是借此机会将有关论文中的内容放入本书中。

书中对科举的介绍较为表面，毕竟对这块研究得不够深入。不过，虽然是初步研究，仍然感受到科举制度的博大精深。此前太过无知无畏，对科举制度缺乏必要的敬畏。以后如果有机会，或许会写本以清代科举史话为主题的书。

照例，以一七绝作结。

倏忽七载弹指闲，
清夜扪心惭铁冠。
獬豸有灵休笑我，
秃笔著史追前贤。

刘社建
于壬寅年初夏

目　录

第一章
清代监察概况

作为中国历史上最后一个封建王朝，清代通过设立都察院以及科道合一等多种途径，进一步健全完善监察制度，在维护皇权、整纲饬纪等方面发挥了重要作用。

第一节　清以前的监察制度

一、古代监察制度的探索

原始社会后期逐步出现监察制度的萌芽。有关史书记载中就有黄帝在下属部落中设左右大监以监督部落首领、舜命皋陶执掌刑法等措施，以加强监察。夏朝与商朝主要通过神权加强对官员的监督。商后期、周朝监察制度有所发展，出现专职负责监察的官员体系。春秋战国时期御史逐步发挥监察作用，监察思想也层出不穷。秦统一天下后构建以御史体系为核心的监察制度，汉代基本因袭秦制。三国、两晋、南北朝时期，由于战乱以及门阀士族力量强大等原因，监察作用发挥有限。隋统一全国后，设立御史台、司隶台、谒者台三台并立的监察制度，为后世监察制度的成熟奠定了基础。

（一）中央监察制度概况

夏商时期君主对官员的监督往往借助于神权背景，史官逐步发挥监督作用。

周出现专门负责监察的官员，由天官首长大宰负责监察百官，具体工作由副首长小宰负责。出台“六计”考核官吏，即计廉善、廉能、廉敬、廉政、廉法、廉辨。在六计的基础上，对官吏三年进行大考核，即大计。同时重视对官员的财务审计。

西周设有询问民情的官员小司寇，并设采诗官到民间采诗，《诗经》即采诗的产物。通过询问民情，以舆论监督等多种方式加强对君主的监督。

春秋战国时期监察逐步独立于行政与司法，御史承担起更加重要的监察官员的作用。战国七雄均设有御史。

春秋战国时期，言谏制度不断制度化。齐桓公时设立大谏之官专司谏议一职，管仲推荐东郭牙担任大谏。其他诸侯国也设立谏议官员，如楚国设箴尹司箴谏之职，赵国设左、右司过掌谏议。

史书中有较多君主接受进谏的记载，如《邹忌讽齐王纳谏》等。以史书加强监察也是监察制度的重要组成部分，如文天祥诗“在齐太史简，在晋董狐笔”，以及“《春秋》成而乱臣贼子惧”等。

秦统一全国后，出台以御史体系为主要内容的监察制度。御史大夫兼副丞相，为中央监察机构最高长官，负责对包括丞相在内的所有官员的监察，当丞相缺位时可递升丞相。御史大夫有两位副手，一为御史中丞，一为御史丞。御史中丞居禁中，统领诸御史，常侍皇帝身边，是监察的实际执行者。御史丞居御史府，处理日常事务。言谏系统进一步发展，言谏官员包括谏议大夫与给事中，给事中为加官。

西汉初监察制度基本承秦制。中央监察机构名为御史府，又称御史大夫寺。御史大夫是承担监察的主要力量，御史中丞是监察的实际执行者。汉武帝时期又设丞相司直、司隶校尉，构建了御史大夫、丞相司直、司隶校尉三者相互独立又相互监督的多元中央监察制度。丞相司直主要监察行政系统官员，司隶校尉监察自皇太子以下所有官员。

东汉时期监察权与行政权逐步分离，监察机构名称改为御史台，御史中丞为御史台负责人。朝会时御史中丞与尚书令、司隶校尉有专座，号称“三独坐”，以尊御史中丞之权。言谏制度进一步发展，谏大夫、给事中等行使谏议权，但相关官员既非专职，也无独立官署。

三国时期御史台脱离少府成为中央独立机构，监察机构地位更加重要。三国时期受战争影响，曹魏与孙吴设置校事、刺奸等特殊监察官员，蜀国监察制度则基本承汉制。

两晋时期以御史中丞为台主，自皇太子以下无所不纠，监察范围显著扩大。但两晋时期受门阀士族力量的影响，监察机构难以发挥应有作用。东晋废司隶校尉，设检校御史。

南北朝时期战乱频发，部分朝代为加强统治更加重视发挥监察机构的作用。如北魏予以监察长官御史中尉百步清道的礼遇等措施，以努力发挥监察机构作用。这一时期受多种因素的影响，监察制度艰难发展，并未能发挥应有的作用。

言谏系统逐步规范化、制度化，晋代创设门下省，作为独立言谏机构。晋代开始允许风闻言事，南朝梁武帝时期明确授权御史可以风闻言事。

隋统一全国后监察制度进一步发展。隋炀帝停止御史值宿禁中之例，御史台真正独立。御史台与中书、门下、尚书三省并列直属于皇帝，有行政监察权、司法监督权与部分审判权。改检校御史为监察御史。监察御史弹劾对象上至王公贵族下至九品官吏，违法违纪违礼、犯罪失职渎职等均可弹劾。

为防止监察机构滥用权力禁止风闻言事，隋构建反监互察机制。监察系统外的官员对监察官员违法失职行为可以弹劾，监察系统内部官员也可相互检举纠劾。言谏系统属于门下省，掌审查政令及封驳诸事。

（二）地方监察制度概况

从原始社会末期开始，如何有效加强地方监察就是统治者一直要努力解决的重大问题。早在黄帝时期就通过设置左右大监，派驻其到部落以对部落首领实施监督，这种由中央派出监察官员实施地方监察的方式也一直延续至清初。

周天子通过派遣监官进驻诸侯国，实施对诸侯国的监察，所置监官称为世守。世守地位崇高，其禄与诸侯之卿相当，仅次于诸侯国国君。此外，周朝通过要求诸侯国定期朝觐以及三年大计等方式，进一步加强地方监察。

巡狩是加强地方监察的重要途径，自黄帝时期就通过巡狩地方以加强地方监察，周天子也多次巡狩地方加强监察。李商隐有诗“八骏日行三万里”，即写周天子巡狩之事。春秋战国时期，诸侯国国君除通过巡狩加强监察外，也派遣其他官员巡行地方以加强地方监察。

秦统一全国后分设三十六郡。郡设郡守、监御史、郡尉，由监御史承担监察地方职能。监御史直接听命于御史府，隶属于中央而非地方，代表中央监察地方。巡狩仍是加强地方监察的重要方式，秦始皇曾五次巡狩，胡亥继位后也曾东巡诸县并诛杀有罪的地方官员。

西汉初仍实施监御史制度，但未能发挥应有作用，汉武帝时废除。汉武帝将全国划分为十三部，即十三个监察区，每部设刺史一人，负责一部的监察工作。刺史属于中央监察体系，由中央派出，受御史中丞领导，与地方无关，充分保证了地方监察的独立性。汉武帝还制定了《六条问事》，重点监察二千石以上官员包括诸侯王、国相与郡守等人与地方豪强的不法行为。

刺史通过定期巡察所辖郡国与接受吏民举报实施监察。刺史仅六百石，监督二千石以上官员，以卑临尊，封优赏厚且提拔快速，这种制度设计有效发挥了刺史加强地方监察的作用。

对二千石以下地方官员，实施以督邮监察为主的地方内部监察制度。督邮为地方官员，归郡守领导，监督郡守以下官员，行使监察权的主要方式是到郡所属县实施例行巡行监察，即行县。

东汉后期由于多种原因，刺史演化为州牧，在削弱地方监察的同时导致中央权威下降，在一定程度上导致地方割据，并最终导致东汉的灭亡。

三国两晋南北朝时期地方监察较为薄弱。西晋初曾恢复类似西汉时派遣中央官员监察地方的制度，但很快因为战乱等原因被废除。

南朝曾出台具有特色的地方监察制度。南朝刘宋与齐、梁在地方设置典签以加强地方监察。宋、齐由于担任刺史的诸王较为年幼，皇帝派遣出身寒门的亲信担任典签跟随诸王出镇地方，协助或代替诸王处理地方军政事务。典签权力极大，也称签帅。典签通过副署公文以及向皇帝奏报地方行为实施监察，有效发挥了加强地方监察的作用。

隋为加强地方监察专设司隶台与谒者台。司隶台是专事地方

任过监察御史。

唐代言谏制度空前发展。言谏官员分属门下省、中书省。左散骑常侍、左补阙、左拾遗属门下省，右散骑常侍、右补阙、右拾遗属中书省。

补阙、拾遗创立于武则天时期，补阙从七品上，拾遗从八品上，以卑临尊，在言谏系统中发挥着重要作用。白居易、杜甫都曾担任左拾遗。给事中拥有封驳权，也有部分司法权与人事推荐权。

2. 宋代中央监察制度概况

宋代中央监察制度基本承唐制，御史台亦分台院、殿院、察院三院。

宋代御史大夫一职向不授人。宋神宗曾欲授司马光为御史大夫，但由于多种原因而无果。御史中丞为御史台实际台长，从三品，一般由其他官员兼任。

三院中台院地位较高，察院权力最重。台院设侍御史一人，从六品，为御史中丞副手。殿院设殿中侍御史二人，从七品。察院设监察御史六人，从七品，职掌分察六曹及百司之事以及考课朝官员得失等，上至宰相下至一般官员都在御史弹劾之列，并负责对六部实施监察。御史弹劾权独立，不受长官干预。

宋代言谏制度进一步发展，朝政阙失、官员任用不当等谏官均可谏正。御史与言谏制度趋于合一，御史具有言事权，谏官具有弹劾权。

御史和言谏官员均可谏诤皇帝、参与朝政。谏官不受丞相控制，直属于皇帝，重点加强对宰相监督以防宰相专权。宰相受到弹劾一般均要辞职。

3. 元代中央监察制度概况

元代有意提高御史台地位，使御史台与中书省、枢密院地位并重。提升御史台官员品级，御史台长官御史大夫从一品，副职御史中丞为正二品。监察官员号称卧虎。

御史台不再设三院，仅设殿中司和察院。察院设监察御史三十二员，正七品，主要司耳目之寄与任刺举之事。监察御史权力扩大，将其定为正七品是为充分发挥以卑临尊作用，而且升迁前景良好、激励机制完备。不再设言谏机构，御史既负责纠劾也负责言谏，完全实现台谏合一。

在地方设二行御史台，即江南诸道行御史台与陕西诸道行御史台。二行御史台是中央御史台的派出机构，用以加强地方监察。

（二）地方监察制度概况

1. 唐代地方监察制度概况

唐初主要通过派遣重臣作为黜陟使对地方进行巡察。武则天时期多次派出监察御史巡察天下。随着地方监察制度的不断发展，中央派员巡察与地方监察系统共同发挥了重要作用。

唐初将全国划为十道，唐玄宗时增为十五道。每道设巡按使，以巡察六条巡察地方，主要通过考察吏治、户口、财政、生产等方面业绩以评价地方官员。

除中央派员巡察外，地方另设专职官员职掌监察。地方监察官员主要包括都督刺史、录事参军、主簿等。

安史之乱后地方监察制度受到严重破坏，藩镇专制一方，中央逐渐失去对地方官员的监察权。后期为加强财政，中央派出尚书省户部、盐铁、户支三司官出使地方，这些官员兼具部分监察地方官员的职能。

2. 宋代地方监察制度概况

宋代进一步加强地方监察。把路级监察权一分为四，并设置通判与走马承受公事等职，多渠道加强地方监察，地方监察呈现出多元化趋势。

路为地方最高行政区域，先后设置转运使司、提点刑狱司、提举常平司、安抚使司等中央派出机构。长官统称监司，各监司互不统领，各自为政相互牵制，对中央负责。监司主要通过定期巡视州县，实施对地方官员监察。

在各州设知州的同时，设通判州军事，简称通判。通判并非知州副职，亦非知州属官。公文必须由知州与通判共同签署方为有效。通判具有监督知州及所属官员的权力，知州不法，通判可直接向皇帝报告。

部分地方也设走马承受公事，独立行使监察职权，既监行政也察兵政，遇事可直接向皇帝报告。

3. 元代地方监察制度概况

元代在地方分设的二行御史台，在地方监察中发挥着重要作用。

全国划分为二十二道监察区，并设立二十二道肃政廉访司。二十二道肃政廉访司分属中央御史台与二行御史台。

每道设廉访使二员，正三品，负责纠察百官以及监督纠劾地方官员，包括监察司法。肃政廉访司以定期出巡的方式监察一道郡县官吏，除廉访使二人外，副使二员、佥事四员均要出巡，一般是五月按所属地方出巡，次年正月还司。出巡过程中监察官员回避原籍。

（三）监察官员的选拔与激励

1. 唐代监察官员的选拔与激励

唐代在贯彻以卑临尊原则的基础上，有意识地提高御史台长官的职级，同时执掌弹劾的御史级别仍然较低，这样形成高、中、低相统一的监察官员品级体系，既利于提升监察机构权威，也可较好地发挥监察机构的弹劾作用。

在选拔时，唐代对监察官员任职经历要求极为严格，要求必须具有担任地方官员的经历，对政绩有严格要求，且遵循回避原则。监察御史一般是从京城郊县县尉中选任。

担任御史者必须不以身家性命为念，特别强调刚正素质，如非端劲知名之士不得入选，对监察官员品质要求极高。

皇帝一般直接掌握监察官员的任命权，监察官员往往由皇帝直接封授。中级监察官员一般从低级监察官员中选拔。

监察官员升迁较为快速，超过其他官员，是否有监察官员任职经历也会影响到以后的仕途，担任御史大夫者升任宰相的比例较高。

虽然担任监察官员前景远大，但风险也同样巨大。监察官员经常面临被弹劾权臣报复的风险，尤其是唐后期进谏风险较大，唐末也有监察官员被处死的记载。

2. 宋代监察官员的选拔与激励

宋代进一步加强对监察官员的选拔，特别强调监察官员的政治素质，要求具备维护法纪、正直无私、刚正不阿的品格，必须具备良好的职业操守与公直敢为的品德，也需要具有一定的资历和地方工作经历。

由于监察官员承担重要任务，对其文化修养要求较高，一般要出身于进士或科举其他各科。

当时号称谏官御史必取天下第一流，非学术才行备具者不予任命。如果监察官员所用得人，则是非明辨、赏罚必信，天子方可坐视其成而奸宄消亡。

为强化对监察官员的控制，由皇帝亲自任命监察官员，以摆脱相权对监察官员的控制。

监察官员强调回避原则，宰相的亲属不得担任监察官员。监察机构官员亲属需要相应回避，地方监察官员不得在原籍任职。

3. 元代监察官员的选拔与激励

元代进一步加强对监察官员的选拔与任用。元代任官的基本原则是，在各级官吏中只有蒙古人、色目人才可为官府之长，汉族官员只能为其辅佐。

监察官员的选拔有其自身特点，对于不同级别的监察官员选拔方式也有所不同。御史大夫人选要求特别严格，必须为国姓。作为御史台副长官的御史中丞是实际负责具体监察事务的职位，不得不选用有才能的汉人。

一般官员铨选由吏部负责，而监察官员则由御史台自行选用。监察官员选拔不以资历为限，且可不分远近保举。官员保举监察官员时，必须写明被保举人的相关情况，并承担连带责任。

监察官员很少对外交流，一般监察官员长期在监察系统内任职。监察御史升职不限常例，监察御史秩正七品一旦迁转往往升为正五品。为鼓励监察官员发挥作用，往往予以优越的升迁机会。

元代重视对监察官员的监督，要求监察官员公勤奉职、廉慎律身。极为重视对监察官员的考核，称职者例升一任或续任，不称职者黜降。

对监察官员的管理较其他官员更为严格，如违法犯罪加罪一等，且经赦不赦，经减降也不减降。出巡如有受贿或其他犯罪行为，则轻者杖责，重者永不叙用等。

(四) 监察法规

唐代监察法规进一步发展。颁布《遣使黜陟诸道敕》，明确规定监察地方官吏的标准。颁布《巡察六条》以加强地方监察，包括监察官人善恶、户口流散、农桑不勤、妖猾盗贼、德行孝悌、黠吏豪纵。

宋代极为重视监察法规的制定和颁布，监察法规一般是通过皇帝的诏令实施。宋太宗曾下诏，知州以下地方官可以密察转运使司官员。宋真宗时强调监察御史由尚书省予以监督，对不称职的监察御史要予以通报。

南宋进一步加强制度建设，规定对谏官、御史政绩要在年底予以考核。制定《御史台察官功岁终考校及比折分等法》，明确规定尚书省对六察御史进行考核。颁布《诸路监司互监法》，以法规的形式规范地方监察官员的互相监察，这也是第一部对监察官吏实行再监察的监察法规。制定《监司考课令》，以举官当否、兴利除害、事失案察、矫正刑狱、贼盗多寡等七事对监司加强考核。

元代进一步加强监察制度建设，颁布《设立宪台格例》。《设立宪台格例》对应予纠弹的事项明确加以规定，对刑名违错、赋役不均、户口流散、农桑不勤等项，监察机关都应予以纠弹。弹劾对象包括中书省、枢密院、制国用使司等中枢机关，因老弱疾病不能胜任现职的官吏也在纠劾之列。

《设立宪台格例》最后一条规定，该载不尽应合纠察事理委监察并行纠察，这一条赋予监察机构以法律规定以外的应合纠察的权力。明确规定监察官员行使纠举弹劾权时，不允许其他机构或者官员干涉，进一步提升监察的独立性。

元代张养浩著有《风宪忠告》。《风宪忠告》论述了监察官员应遵循的行为准则与应具备的道德修养，强调监察官员要廉以律身、忠以事上、正以处事、恭慎以率百僚。

三、明代监察制度的发展

明代监察制度进一步发展，废御史台，设都察院，设置六科给事中以加强对六部的监察。进一步加强地方监察，实施中央派员监察与地方监察官员共同加强地方监察的制度，中央派遣巡按御史，地方上设置总督、巡抚、按察使司等官员。明代监察制度达到一个新的阶段，在维护皇权、整纲饬纪等方面发挥了重要作用。

(一) 中央监察制度概况

明初先设御史台，后废御史台。废御史台数年后，设都察院。

都察院职掌纠劾百司、辩明冤枉、提督各道，为天子耳目及风纪之司，负责弹劾不法、审理刑狱、考察官员等。官吏考察黜陟都察院会同吏部完成，重大刑狱案件则会同刑部与大理寺。都察院与刑部、大理寺合称三法司。

都察院设都御史二人，左右副都御史各一人，左右佥都御史各二人。明代屡次提升都察院官员品级，最终将都御史定为正二品，与六部尚书品级相同。都御史与六部尚书合称七卿。副都御史正三品，佥都御史正四品。佥都御史为都御史助理。

在地方上派驻各地的总督、巡抚均兼都御史等职衔，从身份上总督与巡抚属于都察院系统。

都察院下设十三道监察御史，共一百一十名，职级为正七品。虽然监察御史职级较低，但位卑权重，分道监察，充分发挥以卑临尊的作用。监察御史虽然名义上属都察院，并接受都察院的考核，但与都察院长官保持着一定距离，具有较强的独立性，号称有统无属。

都御史对监察御史的纠举弹劾不得指使与干涉，监察御史弹劾文武官员时不必事先咨请都御史，只需于弹劾当天具揭贴向都御史汇报弹劾的内容即可。

设六科给事中以监察六部及百官。六科给事中，即吏科、户科、礼科、兵科、刑科、工科给事中。六科给事中是直属皇帝的独立监察机关，有单独官衙。都察院与六科给事中并无隶属关系，都察院与六科给事中相互制衡、相互监督。

各科设都给事中一人，正七品。左、右给事中各一人，从七品。根据六科事务繁忙程度另设给事中，共设四十人，从七品。

六科给事中虽仅七品，但同样位卑权重，无所顾忌，不避权贵，敢言敢为，充分行使监察之权。给事中掌侍从、规谏、补阙、拾遗、稽察六部百司之事，最重要的工作是对六部进行监察，具有封驳之权。臣下给皇帝的奏章六科如发现有违误，可以提出意见缴还重拟。对皇帝名义发出的制敕，给事中对之进行复核，如发现不当可以封还。

给事中既钳制六部权限，又防止都察院职权过重，有利于皇帝加强对监察机构的控制。

（二）地方监察制度概况

为加强地方监察，明初设行人司，设行人及左右行人。行人为正九品，左右行人为从九品。行人司定员四十人，全部由进士担任。当都察院充分发挥作用后，行人司的监察职能逐渐剥离。

巡按御史在加强监察方面发挥着极为重要的作用。监察御史执行监察业务时是代天子巡狩，即“代天巡狩，如朕亲临”。大事奏裁，小事立断，有事直接上奏章给皇帝，只对皇帝负责。

巡按御史监察范围极广，包括纠劾地方文武百官，清理刑狱与荐举人才等，几乎无所不管、无所不察。

皇帝直接掌握对巡按御史的任命权，巡按御史回京之日不须经由都察院而径赴御前复奏。巡按御史只是正七品，但权力极重，以卑临尊、以小制大，极有效地发挥了监察地方官员的作用。

权力的方式和监察纪律作了详细的规定，后于万历十五年（1587）成书，共二百二十八卷。

对巡按御史要求严格，出台的有关法规包括《宪纲》三十四条、《宪体》十五条、《巡历事例》三十六条、《出巡相见礼仪》四条、《照刷文卷》六条、《回道考察》三十九条等。

监察法规明确规定了监察纪律，包括《监官遵守条款》和《监纪九款》，要求监察御史廉洁奉公，以充分行使监察职能、发挥监察机构的作用。

第二节　清中央监察制度

一、都察院

清监察制度基本承明制。都察院为清代中央监察机构。崇德元年（1636）五月，设立都察院。设立都察院的主要目的为弹劾官吏与进谏皇帝。

初设都察院时，设承政一人，左右参政各二人。顺治元年（1644）改承政为左都御史，别称总宪；参政为左副都御史，别称副宪。后规定左都御史满汉各一人，左副都御史满汉各二人。

初设左佥都御史一人，辅佐左都御史工作，乾隆十三年（1748）裁撤。

右都御史一般为总督兼衔，右副都御史一般为巡抚、河道总督、漕运总督兼衔，均不设专员。

左都御史品秩有所变动。最初满人左都御史一品，汉人二品。顺治十六年（1659）均改为正二品。雍正八年（1730）确定为左都御史满、汉皆为从一品，永为定制。左副都御史为正三品，协助左都御史工作。

左都御史职掌众多，主要职掌为察核官常、参维朝纲，率科道官矢言职，豫参朝廷大议。除监察政治得失外，参与九卿一起议奏折；凡重大案件与刑部、大理寺共同审断；稽察各级衙门、官吏办事优劣；检查注销文书案卷及封驳事；监察乡试、会试、殿试；巡视各营等事务；对祭祀、朝会、经筵等执法弹纠失仪者等。

都察院所属监察机构有六科、十五道、宗室御史处、稽察内务府御史处、五城察院等。内部办事机构有九房、一库。九房即印房、吏房、户房、礼房、兵房、刑房、工房、火房、木房，一库是架阁库。各房库设经承，负责办理堂官交办的各有关方面的具体事务。另设经历厅、都事厅、值月处、督催所。经历厅和都事厅掌出纳文移。值月处即都察院值月，日以满洲御史一人收各部院八旗一切文移，以及内阁传抄事件。

光绪三十二年（1906）改革官制，都察院改设都御史一人、副都御史二人，不再设满汉复职。改十五道监察御史为二十道。撤销宗室御史处、稽察内务府御史处及五城察院。六科给事中改称给事中，不再分设。增设都察院研究所，购储大量书籍报纸，给事中、御史各员必须分日到研究所参阅研究。

二、六科给事中

清入关前因忙于战争未设六科给事中，定都北京后即设置六科给事中。最初六科给事中为独立监察机构，铸有印信。给事中别称给谏。

最初定六科各设满、汉都给事中一人，满、汉左、右给事中各一人，给事中二人。康熙三年（1664），六科分别只留满汉给事中各一员。康熙五年（1666），六科分别增设满汉掌印给事中各一员，掌印给事中由都给事中改任。

给事中论科，监察御史论道，合称科道。雍正元年(1723)将六科并入都察院，称科道合一。科道合一虽然六科的职权被削弱，却增加了都察院的权力，大大扩张其监察范围。

最初给事中满人四品，汉人七品。康熙年间给事中品秩屡有反复，至雍正七年(1729)均定为正五品，并一直延续至清末。至光绪三十二年(1906)，二掌印给事中品秩升为正四品，其他给事中仍为正五品。

六科职掌言职，初有封驳之权。雍正朝设立军机处后，政事或由廷寄或由阁抄，六科参驳职能丧失殆尽，此后六科主要职责转向监察，与监察御史职能几无太大区别。

三、监察御史

清朝把全国各地区划分为十五个监察区，即京畿、河南、江南、浙江、山西、山东、陕西、湖广、江西、福建、四川、广东、广西、云南、贵州十五道，由各道监察御史分道巡察。

十五道监察御史专责为职掌稽察在京各衙门政事，分核各省刑命，包括纠弹百官、言谏进事、监察地方、京内刷卷、巡视京营、监礼纠仪、考核百官、监督考试、察荒查工等。

十五道初有掌道、协道之分。河南、江南、浙江、山东、山西、陕西六道授予印信，称为六掌道，其他称为协道。乾隆十三年(1748)各道均授予印信，并确定江南道满汉监察御史各四员，山东道满汉监察御史各三员，河南、京畿、浙江、山西、陕西、湖广、福建、江西八道满汉监察御史各二员，四川、广西、广东、云南、贵州五道满汉监察御史各一员。

监察御史品秩有所变动。乾隆十七年(1752)全部确定为从五品，永为定制。

最初河南道掌理都察院事务，职掌最为重要。乾隆二十年（1755），把京畿道列于河南道之前，并互换所掌，此后京畿道成为要职。

清初设巡按制度。顺治元年（1644）进入北京后仿照明朝设立巡按制度，起用原明巡按御史和旧臣实施巡按。顺治年间巡按几设几废，康熙初年废除巡按制度。道光年间御史冯赞勋建议复设巡按制度但被否决。

清末，分江南道为江苏、安徽二道，分湖广道为湖北、湖南二道，又增辽东、甘肃、新疆三道，共二十道。监察御史职级不变。

四、其他机构

（一）五城察院

清朝在北京设立五城察院，设巡城御史。雍正元年（1723）规定，五城察院设满汉五城御史各一人。五城察院下分设兵马司，其长官为兵马司指挥，由五城御史督率管理，负责缉捕诉讼等事。

五城察院的主要职责是稽察京师的地方治安。具体职掌包括稽察京师命盗案件，管辖京师地区的赈济、都市街道、沟渠栅栏的稽察之事等。

（二）宗室御史处

为加强对皇族的监督，设置宗室御史处。宗室御史处负责监察宗人府，又称稽察宗人府衙门。

宗室御史处于雍正五年（1727）设立，铸有“稽察宗人府御史”铜印，由宗室监察御史二人兼任，其中一人掌印，一人协理，负责宗室御史处的具体事务。主要负责稽察宗人府的钱粮册籍，审核盛京将军账册等。

（三）内务府御史处

内务府为管理清朝宫廷事务的机构。为加强对内务府的监督，设置稽察内务府御史处。

稽察内务府御史处又称稽察内务府御史衙门，设有内务府御史二人，由满监察御史二人兼管。主要掌稽察内务府事务，如补述钱粮账册、负责稽察紫禁城等。

第三节　清地方监察制度

一、总督与巡抚

清承明制设总督与巡抚，在较长一段时期督抚职能与明代相同，至乾隆时期督抚成为数省或一省的最高军政长官。

总督与巡抚作为地方军政长官的同时负有地方监察之职，均兼都察院右衔。都察院右职向为督抚兼衔。

总督加授兵部尚书衔者，兼都察院右都御史衔。不加兵部尚书衔者，加兵部右侍郎兼都察院右副都御史衔。

巡抚兼任的都察院职衔根据其担任巡抚前的职务不同而不同，一般兼右副都御史衔。

总督具有综治军民、统辖文武、考核官吏、修饰封疆之权。总督品秩为正二品，加右都御史衔者为从一品。为提督军务，总督一般加兵部尚书或左右侍郎衔。

巡抚品秩为从二品，加右副都御史者为正二品。

总督与巡抚具有监察权，对所辖地区察举官吏、会谳狱讼等。

督抚权重，对地方官员掌有黜陟大权。朝中都察院科道官员一般也不敢轻易弹劾督抚，以防日后有可能外任出官时在弹劾过的督抚手下任职被报复。

二、提刑按察使司

提刑按察使司是省的负责监察诸官的监察机关。设按察使一人，正三品。

按察使之设始于顺治三年(1646)，以后陆续在其他省设按察使。

按察使称臬司或臬台，职掌一省刑名校勘之事，职掌振风纪澄吏治。其他职责包括出任乡试监试官，担任考核官吏时的考核官等。

清末官制改革时，将司法行政与审判分离，裁撤各省提刑按察使，改置提法司。

三、守道与巡道

清代在省与府(州)之间设道，或因地而设成为省与府间的行政单位，或以事务而设成为布政使和按察使之间的政治组织。各道承担监察职能，职司风宪，考察官吏。

道设布政使左右参政、参议者，称为守道。道设按察使副使、佥事，称为巡道。守道偏重于财政经济，巡道偏重于司法监察。道之长官为道员，道员又称监司。

清初定参政道为从三品，副使道为正四品。乾隆十八年(1753)，道员均定为正四品，取消道员兼衔，道员成为隶属于督抚的专职官员。

道员地位重要。正如时人所称，司道者百吏之纲维天子简而授之，非知府、副将以下可由督抚奏补。

第四节　清监察御史选拔

一、监察御史考选人选演变概况

（一）概况

清初至雍正初考选监察官员包括给事中和监察御史。雍正五年(1727)规定给事中仅由监察御史引见补授，此后考选监察官员仅指考选监察御史。

左都御史与左副都御史一般由监察系统外官员转任或升任。左都御史与左副都御史级别相差较大，无由左副都御史直升左都御史之例。左都御史一般由六部侍郎、巡抚等升任或六部尚书转任。左都御史有时是作为官员升迁的中转站，即升至左都御史为从一品。

左都御史任期普遍较短。自顺治五年(1648)任命第一任汉左都御史徐起元，至 1912 年因清亡都御史张英麟自然免职，共有 210 名左都御史(含免职后再次任职以及暂行署理者)，平均任期约 1.25 年[①]。

左都御史任期较短的一个重要原因是，左都御史更多的是作为官职升迁的中转职位，等解决从一品的品级后再调到其他岗位，因此普遍任职时间较短。虽然左都御史任期较短有不熟悉业务之弊，但都察院主要是监察御史与给事中承担监察职责，因而左都御史周转较快并不至于影响都察院发挥应有职能。

---

① 笔者自行测算。

给事中和监察御史与副都御史品级相差较大，几乎无监察御史与给事中升左副都御史之例。嘉庆初，礼科给事中广兴首劾和珅有功，由正五品给事中直升正三品左副都御史。

汉监察官员必须为正途出身。康熙十九年（1680）规定汉官非正途出身者虽经保举不准考选，康熙二十年（1681）明确捐纳、岁贡不准作正途考选。乾隆六年（1741）将汉军并入汉人一体选拔。满洲、蒙古监察官员不论出身，也不必考试。

监察官员考选可分为两个阶段。第一阶段为顺治元年（1644）至乾隆二十九年（1764），监察官员考选对象包括外官与京官。外官主要为知县，京官包括中行评博[①]等小京官、部院部属、翰林院编修与检讨等。

第二阶段为乾隆二十九年（1764）至清末光绪三十二年（1906）官制改革前，监察官员考选对象基本固定为翰林院编修、检讨以及部院郎中、员外郎。官制改革后也有考选监察官员之举。

（二）知县

清代极为重视发挥监察官员的作用，自入关之初顺治元年（1644）即开始考选监察官员。当时监察官员考选余地较小，部分监察官员由原明监察官员或其他官员转任。

清初考选监察官员基本承明制，外官中知县与推官是考选监察官员的主要来源，并对外官的资历有明确限制。

由知县与推官考选监察官员称为行取。在知县与推官中又以知县为主，由推官行取监察官员的较少。

顺治元年（1644）规定，在外俸深有荐的知县与推官可考选给

① 中书科中书、行人司行人、大理寺评事、太常寺博士，简称中行评博。

事中与监察御史。顺治八年(1651)进一步明确知县须历俸三年而且钱粮全部缴完,有推荐一次,无罚记录,才可行取推荐。顺治朝考选的监察御史中来自知县的共有 41 名。

康熙年间总体较为重视由知县行取监察官员,康熙帝称由外官行取足以激励人才、有益吏治。康熙七年(1668)要求,行取在外知县不论举人进士出身,令督抚开列职名咨送。为防止督抚干预考选监察官员,康熙四十三年(1704)停止行取知县由督抚推荐。

因行取知县直接考选监察官员稍显提拔过速,康熙四十四年(1705)又规定,行取在外知县到部引见后先以各部主事挨班补用,遇考选时方准考选。

康熙朝考选的监察御史中来自知县的有 80 名。由知县行取为监察官员者名臣辈出,如陆陇其与郭琇等。陆陇其曾任嘉定知县,后行担任监察御史,也是有清一代从祀孔庙的三位名臣之一。郭琇由吴江知县行取任监察御史,后担任左都御史,先后弹劾明珠等官员,对康熙帝消除朋党发挥了重要作用。

雍正期间也循知县行取之例,但人数较少,仅有 6 名。

乾隆初期仍有规定从知县中考选监察御史,乾隆元年(1736)规定知县三年行取一次。但实际上乾隆朝无一名知县考选为监察御史。

因行取知县效果不佳,乾隆十六年(1751)称知县三年行取一次于吏治人才毫无裨益,康熙雍正年间也是经常中断,因而下令永行停止。自此至清末官制改革前,不再由外官考选监察官员。

(三) 中行评博

清初中行评博小京官是考选监察官员的主要来源之一。顺治初规定,历俸二年之中书科中书、行人司行人、大理寺评事、太常寺博士即中行评博，可考选给事中与监察御史。顺治年间中行评博一直是考选监察官员的重要来源。

顺治朝后对中行评博考选监察官员的要求逐步严格，主要是考虑由中行评博直接考选升迁过速，因而不断严格考选规定，直至取消中行评博的考选资格。

康熙四十年(1701)明确，中行评博等官除知县升任者照旧例考选外，其初任选授者待升任主事后方准考选。雍正十三年(1735)进一步规定，中行评博仅由知县升任者准其考选监察御史，而其他出身则不得考选。乾隆二十九年(1764)直接规定中行评博不再有考选监察御史资格。

从中行评博有资格考选至取消资格，总体代表着监察官员考选资格日趋严格。尤其是乾隆初期明确监察御史为从五品级别后，因中行评博级别较低，仅为七品，由中行评博考选监察御史升迁过速，再加之如翰林院编修、检讨以及部院郎中、员外郎成为考选监察御史的主力军，在多种因素作用下取消了中行评博的考选资格。

(四) 部院部属

清初偶尔从部院部属中考选监察官员，但并非常例。当监察官员缺员过多而行取缓不济急时，才偶尔从部院部属中考选监察官员。康熙年间逐步加大从部院部属中考选监察官员的比重，最初主要是从主事中考选监察官员。乾隆二十九年(1764)后，部院部属中仅郎中与员外郎才有考选监察官员的资格。

顺治二年(1645)因监察官员过于缺乏，将各部郎中、员外郎、主事纳入考选范围。顺治十五年(1658)，又因御史过少以及外官尚未到京，规定暂于各部郎中、员外郎、主事内察取才品堪用者改授差用，并强调以后除授御史仍照行取考选例行。

顺治年间曾派出巡按御史。当监察御史不足派遣时，曾短期内从部属中挑选人员临时担任巡按御史之职。完成巡按任务后，由都察院予以考核，评判优劣。优秀者可内升京堂五品，其他则仍回居本职不真授监察御史。

康熙年间逐步加大由各部部属考选监察官员的力度。康熙元年(1662)规定监察官员之缺均由六部郎中改授，此后一段时期内主要从六部主事中考选监察官员。主事又分由中行评博升任和由其他官员升任。

康熙九年(1670)明确六部主事可考选监察官员，但主事由中行评博升者允许通计以前资历，而其他官员升主事者要历俸二年才有资格考选。康熙三十六年(1697)又下令，于汉郎中、员外郎居官优人才好者，由各部堂官保举引见考选监察官员。

雍正年间进一步从部院部属中考选监察官员。雍正二年(1724)规定，拣选御史由都察院会同吏部，将各部司官多拣选数员引见。雍正五年(1727)，下令各部院堂官于各属司官内，选择勤敏练达、立心正直者保送监察官员。雍正十三年(1735)明确，汉监察御史员缺由郎中、员外郎考选，主事由中行评博升任者准其考选，主事由别项升授者食俸二年方准考选。

自雍正元年(1723)年开始，内阁侍读亦有考选监察御史资格，但由内阁侍读考选监察御史者较少。自乾隆元年(1736)至光绪二十六年(1900)，由内阁侍读考选为监察御史的共 22 人。其中乾隆朝 6 人，嘉庆朝 4 人，道光朝 5 人，同治朝 3 人，咸丰朝 2 人，光绪元年(1875)至光绪二十六年(1900)2 人。

乾隆年间部院部属考选监察官员的制度逐步定型。乾隆三年(1738)要求，将例应考选部院部属一概通行引见，部属才品由其堂官出具考语。乾隆二十九年(1764)明确，各部院郎中、员外郎可考选监察御史，而主事则不准考选。不准主事考选监察御史的原因与不准中行评博考选的原因基本相同，主要是主事级别较低。

（五）翰林院编修与检讨

最初翰林院编修与检讨并无考选监察官员的资格。顺治年间虽然有翰林院庶吉士改任监察官员之例，但无翰林院编修、检讨改任。顺治十三年（1656）因科道缺员较多，下令将部分庶吉士改授监察官员。

庶吉士为进士在翰林院的学习身份。庶吉士散馆留馆者，二甲出身者授编修，三甲出身者授检讨。编修与检讨才是正式官员。康熙朝也有庶吉士改任监察官员之例，康熙三十年（1691）后不再由庶吉士改任监察官员。

因翰林院编修、检讨出路雍积，康熙三十九年（1700）允许翰林院编修、检讨补选监察官员，由翰林院学士等选择保奏。当年保奏编修、检讨六员担任监察官员。其他官员任监察官员须试俸一年，由翰林院编修、检讨任者免试以示优待。至康熙五十一年（1712）停止编修、检讨考选给事中与监察御史。

雍正元年（1723）重新恢复编修、检讨考选监察官员资格，下令于编修、检讨内拣选八人引见补授御史。雍正二年（1724），又下令在翰林院编修、检讨中选拔六名才品优长的俸深之人，咨送吏部题请命题考试，引见补授监察官员。

乾隆年间明确翰林院编修与检讨具备考选监察御史的资格，此后编修与检讨成为监察御史的重要来源。乾隆三年（1738）下令，将应考选翰林部属等官一概通行引见不必出具考语，由掌院学士带领引见记名之后，遇有御史出缺按品级俸次引见后候旨补授。

乾隆八年（1743）又明确，将编修、检讨考试取定后，由吏部带领引见记名后补用。为防止翰林院编修、检讨考选监察御史者过多,乾隆二十九年(1764)要求翰林院编修、检讨历俸三年才有资格考选监察御史。

乾隆朝监察御史出身于翰林院编修的有 122 名,出身翰林院检讨者 37 名。乾隆朝由部院郎中与员外郎出身的监察御史人数,高于由翰林院编修与检讨出身的人数。乾隆朝后其他各朝出身于翰林院编修与检讨的监察御史人数,高于出身于部院郎中与员外郎的监察御史人数。

虽然翰林院编修、检讨品级不高,与监察御史品级有一定的差距,但中进士点庶吉士并由庶吉士散馆任编修与检讨的官员,大都学问优长而且经过较长时间的学习,因而清代将编修与检讨作为选拔监察御史的重要来源。

对清代读书人而言,中进士点庶吉士任编修或检讨,考选监察御史,再外放地方官员,是较为理想的升迁路径。如清代名臣陶澍、林则徐等均是如此。

自清初(1644)至乾隆二十九年(1764)经过百余年演变,有资格考选监察官员的人选终臻定型。乾隆二十九年(1764)明确,考选汉监察御史除翰林院编修、检讨与各部郎中、员外郎以及内阁侍读仍准保送外,主事等均不准考选。

虽然内阁侍读亦有考选监察御史的资格,但考选为监察御史的主要为翰林院编修、检讨与各部郎中、员外郎,由内阁侍读考选为监察官员的很少。在翰林院编修、检讨与各部郎中、员外郎中,监察御史主要来自编修与郎中,来自检讨与员外郎的较少。

(六) 晚清监察官员考选规定

光绪三十二年(1906),改革官制。都察院改设都御史一人、副都御史二人，不再实施满汉复职。给事中不再分科，统称都察院给事中，由原满汉共二十四人减为二十人。其中二人为掌印给事中，升为正四品，其他给事中正五品品级不变。十五道监察御史改为二十道，由原来满汉共五十六人减为四十四人，职级不变。

在官制改革背景下保送御史政策有所变化。最初规定，保送御史由各部院大臣于京官实缺五品以下至中书以及外官实缺四品以下至州县官员，将该员志行事迹等胪陈保荐。

因外官实缺四品以下至州县实职官员愿意考选监察御史者较少，在两广总督岑春煊建议下，地方官员保送御史放宽至候补人员之曾任实缺及曾经署事确系声望素孚政绩卓著之人，由督抚加具切实考语保送，每人所举不得超过二员。

又特别申明，御史为朝廷耳目之官，非进士、举贡、荫生出身人员不得保送，非学堂卒业人员不得保送。如果所举之员不称职，或日后有徇私黩货情事一经发觉，将原保大员一并从重惩处不贷。

二、监察御史考选有关规定

康熙帝称监察御史为柱下一星、列曜太紫，对监察官员寄予厚望。为严格考选监察官员，不断健全完善监察官员的考试、任命等相关规定。

（一）考试规定

清代除在较短时期内选拔监察官员不需要考试外，其他均需要考试。

顺治元年（1644）即规定给事中、监察御史需要考试选拔。自此至雍正三年（1725）前选拔监察官员考试成为常例，但个别时期由于监察官员缺乏偶尔也会采取不予考试的权宜之举。

顺治十五年(1658)下令,暂于各部郎中与员外郎、主事内察取才品堪用者改授御史,又特别强调以后除授御史仍照行取考选例行。

雍正三年(1725)规定,因监察官员俱系正途出身再考文字无益,下令不再考试。自此,推行八十余年的监察官员考试规定予以取消。

乾隆八年(1743)重开监察御史考试之例,此后选拔监察御史考试成为常例。乾隆八年(1743)下令,将翰林院编修、检讨以及部属等合例人员奏请考试,取定考试合格者后,由吏部带领引见记名补用。

乾隆八年(1743)考选监察御史考试时务之策,胡宝瑔考得第一,胡宝瑔等十人用为监察御史。乾隆十一年(1746)进一步强调选拔监察御史需要考试,下令补放御史照旧例保举考试而后引见。

监察御史考试较为严格,并非所有具备资格参加考试的官员都能通过。虽然道光年间考试监察御史时也较为重视书法优劣,但总体而言考试还是有效发挥了甄选监察御史的作用。

自乾隆十一年(1746)后,考试成为选拔监察御史的必要途径,但偶尔也有不考试之时。光绪二十四年(1898),吏部奏请翰林院保送御史人员应否考试,得旨著毋庸考试。但此偶一为之并非常态。

清末官制改革后,光绪三十三年(1907)选拔监察御史,吏部请旨是否还要考试。最终下旨保送人员仍须照例考试。经考试引见后,黄瑞麒等三十一人,著记名以御史用。

(二) 任命规定

清代皇帝特别重视亲自选拔监察官员。从顺治帝开始就强调钦点监察官员，以加强对选拔监察官员的控制。顺治十二年(1655)明确，监察官员考选、差遣、内升外转俱由皇帝裁定，并永著为例。

符合考选资格的官员考试通过后，由吏部带领引见，先由皇帝钦点为记名御史。但并非所有引见的官员都可钦点为记名御史，也有通过考试的官员在引见时由于多种原因而未被点为记名御史。

待有御史缺出后，记名御史再经引见。一般缺一名御史引见三名记名御史，由皇帝钦点其中之一担任御史。从记名御史到实授御史时间不等，短则数月，长则数年。骆秉章于道光十八年(1838)十月为记名御史，十一月即补江南道监察御史，后任四川总督。记名为御史者尚未实授御史前，如由其他差使仍可办理，也不影响正常升迁。

记名御史并非一定能担任御史，个别记名御史可能会由于某些原因而撤销记名，也有记名御史不能实授御史者。同治年间，秋审处总办、刑部直隶司郎中余光倬坚持判原两江总督何桂清死刑，而被何党攻击。余光倬原来京察一等、记名御史均被撤销，后归籍不出而闲废终身。光绪九年(1883)，因御史张人骏弹劾，吏部郎中王琛因沾染市习性好樗蒲，其记名御史资格被撤销。

最初监察御史有一年试俸期。雍正三年(1725)规定，御史试俸之例有一年限期，对已满一年而未能通过者再试一年考核。乾隆十七年(1752)取消御史试俸期，明令规定不必试俸。

(三) 回避规定

考选监察官员需要回避。顺治十三年(1656)即明确规定，任三品以上堂官其子弟不得考选监察官员，而若父兄赴部候补而子弟现任监察官员者，根据资俸调任吏部主事。

此后进一步严格回避规定，将需要回避范围扩大至地方督抚。康熙二十年(1681)明确，京官三品以上及督抚子弟不准考选监察官员。康熙三十年(1691)不但规定父兄现任三品京堂及外省督抚子弟不准考选监察官员，而且现任监察官员中如有父兄升补三品京堂及外省督抚者亦要回避，改补各部郎中。

乾隆年间回避规定进一步严格。监察御史按省分道，乾隆十三年(1748)要求御史要回避本省，除现任御史内其所任之道在本省者要酌拨别道，遇有御史缺出如有记名及应补人员应回避本省者查明扣除，而将其次之人引见补授。

光绪年间对回避作出进一步规定。光绪十三年(1887)下令，保送御史人员业经奉旨记名后，如有父子胞伯叔胞兄弟胞侄后经升任三品以上京堂并外任督抚者，即暂缓带领引见，待毋庸回避时再行引见。

(四) 年龄规定

嘉庆四年(1799)前对考选监察官员的年龄未有明确要求，但一般不会选拔年龄过大或过轻者担任监察官员。年龄过轻者任职经验不足，而过长者难以有效胜任职位要求。

任监察御史者偶尔有年龄过大者，乾隆五十七年(1792)萧芝考选为监察御史时已六十九岁，后升工科给事中，再任吏科掌印给事中。

乾隆朝和珅当权时期为防止监察官员对其弹劾，往往令各部保送年老平庸司员为御史，以使其缄默不言。针对此问题，嘉庆四年(1799)明确规定，各衙门保送御史过六十五岁者不准保送。自此，六十五岁以上不得保送御史成为定例。

(五) 限制规定

为防止初次考选监察官员不中再次报选，顺治八年(1651)规定，京官曾经考选监察官员未入选者，不得再次参加考选。

针对通过监察御史考试而引见时未被记名但有再次参加考试通过而引见的情况，乾隆六十年(1795)明确，保送御史初次引见未经记名者，下次不得再行保送。

对于监察官员存在因故降补等情况者，也不得再次报考监察御史。嘉庆四年(1799)规定，由科道降补部属以及捐复改补部属，并由科道升任仍因科道职掌被议降至部属等官，均不准再行保送。道光九年(1829)强调，各部院堂官于所属司员内，凡因私罪降补京职及不胜外任特旨改用人员，不准保送御史，也不得截取外用。

御史如有贪赃犯法之事则追究保送官员责任。嘉庆十四年(1809)，给事中英纶巡视东漕因罪被处绞刑。下令将从前滥行保送英纶的兵部满汉堂官，一并查明交部议处。

为进一步严格选拔监察官员，同治四年(1865)规定，各部院衙门保送御史必须认真考核以期选择得人，如果保送后有犯贪污劣绩之辈，要将原保送堂官比照京察保送不实例奏明议处。光绪八年(1882)进一步强调，各部院堂官保送满汉御史必须认真考察，不得滥行保送，如所保非人定照滥保例议处。

(六) 兼职规定

部院部属保送御史后原则上不准再兼部职，以确保御史认真履行监察职责。但偶尔也有例外。

乾隆三十三年(1768)规定，因御史有稽察部务之责，司员改任御史奏请留部之处下令永行停止，而且御史中兼部行走者也要撤回。针对刑部、理藩院因业务重要而有奏留升御史留部办事者，乾隆四十八年(1783)再次强调，刑部、理藩院熟悉部务司员可留部办事不必保送监察御史，明确刑部、理藩院司员保送御史者亦概不准兼部务。

军机章京考中御史者，也不得继续担任军机章京。乾隆朝晚期，尚允许军机章京考中御史者仍予兼任。嘉庆四年(1799)规定，对于军机章京遇有补放御史者，即回本衙门任事，不必在军机处行走。此前有补放御史仍任军机章京者，如乾隆朝眭朝栋等。

光绪年间海军事务衙门有担任御史仍留兼职者。光绪十二年(1886)，海军事务衙门奏请御史常明暂留当差。因总理海军事务衙门与其他衙门不同，创办伊始需要妥员经理。因此允许御史常明暂留海军事务衙门当差。但此仅为特例。

三、监察御史升迁概况

清代汉监察御史升迁快速，有一定数量的监察御史升迁至从二品及以上高级官员，如此良好的发展前景是吸引具备资格的官员考选监察御史的重要原因。为畅通监察御史升迁通道，清初即构建了较为健全的升迁制度，此后历朝不断予以发展完善。

据《国朝御史题名》[①]记载，清代自顺治朝至同治朝有近 15%的监察御史升迁至从二品及以上高级官员，而且其中不乏升至从一品和正一品官员者。

(一) 监察御史升迁规定

快速升迁是有效激励机制的重要内容，较短的升迁时间以及

① 清·黄叔璥等撰:《国朝御史题名》(光绪刻本影印本),《续修四库全书·史部·职官类》(第 751 册),上海古籍出版社 2002 年版,下同。

良好的升迁前景较其他荣誉奖励等更足以激励监察御史认真履职。清代在吸收借鉴以前历代监察御史升迁机制的基础上，进一步健全完善监察制度的升迁规定，从历俸年限、履职表现、升迁职位等作出了明确规定。

给事中与监察御史内升一般升为太常寺少卿等四品京堂，外转为道员和知府。正五品给事中外转为正四品道员，从五品监察御史外转为从四品知府，均为越级提拔。对于有特殊贡献的监察官员，更是不吝破格提拔。

更为重要的是，由监察官员出身的官员升任后，往往进入仕途升迁快车道，升至从二品及以上高级官员的为数较多。正是存在明确的升迁规定与良好的发展前景，才吸引了大批具有考选资格的优秀官员报考监察御史，并切实发挥其应有的作用。

监察御史历俸满一定年限且工作优秀即能顺利升迁，既可促使监察御史认真履职，同时也使监察队伍保持正常流动，始终保持新鲜血液。监察御史有良好的升迁前景并不意味着循资排辈、到一定年限即可升迁，而是在满足历俸年限的前提下，综合考察其履职情况及京察结果，再确定能否提拔。皇帝引见监察御史决定其能否升迁时，有明确要求将其条奏以及是否引用等情况均注明以综合判断考察，这种制度安排更能有效激励监察御史切实履行职责。

监察御史不但升迁前景良好，而且流动较为快速。乾隆朝六十年中共选拔监察御史 390 名，每年平均 6.5 名。汉监察御史员额共 28 名，意味着每年监察御史的流动率接近四分之一。[①] 除了极个别因故被处死或者发往军前效力或者被退回原衙门的监察御

① 根据《国朝御史题名》自行测算，下同。

史外，其他均为升职。如此高的流动率和升迁前景是吸引大批优秀官员报考监察官员的重要保障。

顺治朝即对监察御史升迁作出了明确规定，但没有对监察御史的历俸年作出限定。顺治元年（1644）规定，御史内升外转由都察院论资俸酌定，咨送吏部升转。

康熙年间对监察御史升迁进一步作出规定。康熙五十九年（1720）规定，科道内升由郎中补授者历俸二年方准开列，由员外郎补授者历俸三年方准开列，由主事等补授者历俸四年方准开列。对于出身不同的监察御史明确历俸年限，更有利于确保升迁的公平。

雍正元年（1723）针对康熙年间规定监察官员历俸年限的要求，规定科道内升外转不必拘定食俸年限尽行开列。雍正五年（1727）规定，给事中员缺将任内无降革事故之御史，开列职名咨送吏部引见补授。此后给事中仅由监察御史升补，而不再有其他官员直升给事中之例。

外转是监察官员升迁的重要途径，但监察官员外转含义有所变动。顺治、康熙时期外转指将才力不及、不能胜任监察官员之任者转任外官。这种情况在雍正朝初予以改变。雍正帝称由于其对外官员并不识任，而科道官员每天上奏所以识任较多，因此提拔一定的科道官员到地方任职，至此科道官员外转逐步成为其重要出路，不再视外转为降用。

乾隆朝进一步明确监察御史的升迁规定。乾隆十六年（1751）规定，监察官员内升外转三年举行一次，当年定给事中内升满汉各一人、外转满汉各一人。乾隆五十五年（1790）停止科道内升外转三年之例，规定汉科道历俸满四年方可截取，都察院堂官核其才具分别繁简送部截取，御史以知府用，给事中以道员用。嘉庆四年

(1799)又规定科道历俸三年即可截取,光绪十年(1884)将历俸时间改为二年。

为鼓励御史认真履职而不仅是靠资历升迁,顺治十七年(1660)规定考核御史时对有参大奸大蠹、兴利除弊者专门列出以据甄别,给事中升转同样要详开章奏题请钦定。为严格考察监察官员,乾隆五十二年(1787)明确,科道遇有应升之缺时,需要将各科道有无条奏,以及其报奏事件部议或准或驳并奉特旨允许或当经驳饬之处注明,以便定其优劣而决定提拔之员。

监察官员并非符合资历条件即可升迁,有的在引见环节被否决。如乾隆五十八年(1793),吏部论资推举给事中王钟健为浙江金衢严道道员。但引见时乾隆帝看王钟健甚为平常,认为其简缺道员也难胜任,更不能骤膺繁剧道员,不准王钟健外任。但念其于给事中任内尚无过失,令其仍留本任。要求都察院堂官明白回奏,为何滥行保举如此才具平庸之人。

还有监察官员因认真履职而被破格提拔。乾隆朝仲永檀弹劾步军统领鄂善、大学士赵国麟等人,乾隆帝嘉其敢言,由从五品监察御史立擢为正四品左佥都御史。

(二) 监察御史升至从二品及以上官员概况

清代监察御史有良好的升迁前景,慎勤履职者到历俸年限期满后一般均能获得升迁,而且升迁后往往进入仕途快车道。自顺治朝至同治朝,由监察御史出身最终仕至从二品及以上高级官员在监察御史中占有一定的比例,这些官员之所以能高升与其监察御史出身有重要关系。能考选担任监察御史者绝大部分出身正途,且在翰林院或六部工作过较长时间,又经过担任监察官员的锻炼,综合能力较强,也是其升迁至高位的重要原因。

监察御史仅为从五品，与从二品官员存在较大的差距。一般从五品官员升为从二品及以上官员较为不易，而监察御史群体中有一定的比例升至从二品及以上官员。从二品官员中，外官有布政使、巡抚，京官有内阁学士、翰林院掌院学士。监察御史出身的官员历经提升，既有任至从二品为止者，也有进一步上升至正二品、从一品和正一品者。监察御史除部分升至从二品及以上官员外，也有较多的监察御史升至鸿胪寺卿、按察使、大理寺卿等四品或三品官员。

根据《国朝御史题名》[①]记载，自顺治朝至同治朝共有 278 名监察御史出身的官员升迁至从二品及以上官员，占到同期监察御史总数 1 970 人的 14.1%。[②]

由于各朝经历的时间不同，选拔的监察御史人数有所不同，相应的升迁至从二品及以上高级官员的人数及比例也相应不同。顺治朝选拔监察御史及升迁数量相对较少，仅占到 10%。其他朝升迁的比例相对较高，比例最高的为雍正朝达到 15.8%。此外，康熙、嘉庆、道光、咸丰四朝，监察御史升任至从二品及以上的比例均超过 15%。

升迁至从二品及以上的监察御史几乎全部出身于正途，绝大部分出身于进士和举人。升迁至从二品及以上官员的 278 位监察御史中，出身进士者 266 人，占到全部人员的 95.7%；出身于举人者仅 6 人；其他出身贡士者 4 人，出身荫生者 1 人，出身监生者仅 1 人。监生为非正途出身，其他均为正途出身。

升迁至从二品及以上官员的 278 位监察御史，就其担任监察

---

① 因《国朝御史题名》收录光绪朝监察御史仅至光绪二十六年（1900）而且不久清亡，光绪朝选拔的监察御史缺乏足够的上升空间，故将光绪朝监察御史升迁状况舍去。

② 相关数据及比例来自《国朝御史题名》及作者自行测算，下同。

御史前的职务而言,出身于翰林院编修与检讨者较多。乾隆朝中期有资格考选监察御史的官员才最终定型,乾隆朝以前升迁至从二品及以上官员的监察御史来自知县以及小京官者与六部主事等官不等。至乾隆朝翰林院编修与检讨纳入考选监察御史的范围后,编修与检讨逐步成为升为从二品及以上大员的主要力量。

(三) 监察御史升迁路径

监察御史升迁有三种路径。一是一直担任京官,如曹秀先。二是由监察官员任上外放一直担任地方官,如陶澍。三是由监察官员任上升迁交替担任京官与外官,如卓秉恬。

监察御史升任至从二品及以上官员一般需要较长的时间,短则近十年,长则十余年或二十余年。一般而言,由监察官员任上外放升迁至从二品时间较短,而一直任京官或交替任京官和外官则需要较长的时间。

曹秀先,乾隆十年(1745)由翰林院编修考选为浙江道监察御史。后历任刑科给事中、鸿胪寺少卿、光禄寺少卿、通政司参议、国子监祭酒。乾隆三十二年(1767),由国子监祭酒升任内阁学士兼礼部侍郎,为从二品。自监察御史升至从二品内阁学士,历二十二年。乾隆三十三年(1768)由内阁学士任上升工部右侍郎,乾隆三十九年(1774)升为礼部尚书。曹秀先出身翰林院,未任过外官,由翰林院编修考选为监察御史后一直升至礼部尚书从一品,为乾隆朝名臣。

陶澍,嘉庆十九年(1814)由翰林院编修考选为江南道监察御史。嘉庆二十年(1815)任户科给事中。嘉庆二十四年(1819),外放任四川川东道道员。至道光元年(1821)任从二品安徽布政使,道光三年(1823)任安徽巡抚,历江苏巡抚等职,于道光十年(1830)

升至两江总督。陶澍自监察御史升至从二品布政使，历时仅七年。陶澍两江总督任上推海运、治吴淞江、整顿盐政且大力提拔人才，为一代名臣。陶澍在监察御史与给事中任上，无论是疏劾吏部重签还是巡中城、巡南漕等均政绩卓著，为日后升迁奠定了坚实基础。

卓秉恬，嘉庆十八年（1813）由翰林院检讨考选为山东道监察御史。嘉庆二十一年（1816）升鸿胪寺少卿，嘉庆二十四年（1819）擢任顺天府府丞。道光四年（1824）任外官，担任奉天府府丞兼提督学政。道光十年（1830）重任京职，任太仆寺卿。道光十四年（1834）任从二品内阁学士兼礼部侍郎。道光十五年（1835），升任礼部右侍郎，后任吏部尚书、武英殿大学士，为道光朝名臣。卓秉恬自监察御史升至从二品内阁学士，历时二十一年。

监察官员外放至地方升任至从二品官员，较一直在中央任职或交替在中央地方任职更为快速。陶澍从监察御史任上升至从二品布政使仅七年，而曹秀先与卓秉恬历时二十余年才由监察御史升任从二品内阁学士。

外放至地方任职的监察官员升迁至从二品官员时间一般较短，其主要原因是升迁台阶较少。一般监察御史升至给事中后再外放，也有个别监察御史直接外放。给事中外放任道员，道员进一步升迁为按察使，按察使再升迁即是从二品布政使。道员至布政使中间仅按察使一级，所以外放后升迁至从二品官员相对较快。

有监察御史直接外放任道员。嘉庆二十五年（1820）林则徐以翰林院编修考选为江南道监察御史，京察一等外放授浙江杭嘉湖道道员，道光三年（1823）任江苏按察使，至道光七年（1827）任从二品陕西布政使。林则徐自任监察御史至从二品布政使仅七年时间，其中还包括了丁母忧的时间。

监察御史外放一般任知府，也具备良好的升迁前景。光绪十四年(1888)林绍年由翰林院编修考选为浙江道监察御史，光绪十九年(1893)外放任云南昭通府知府，光绪二十六年(1900)任从二品云南布政使，后任军机大臣。

与监察官员外放升迁较快不同，一直在中央任职的官员升迁至从二品需要时间较长。由从五品监察御史升至从二品内阁学士，一般要在四五个职级上循资而进，不像地方官员升迁台阶较少。而且中央官员升迁较为缓慢，经历二十年或更多时间由监察御史升至从二品属于正常。李振祜嘉庆二十二年(1817)考选为山东道监察御史，后一直在京任职，至道光十七年(1837)升为内阁学士，从监察御史升至从二品官员历二十年。那种在中央与地方交替任职的官员，因有在中央任职经历，由监察御史升任至从二品也需要较长时间，如卓秉恬即是如此。

大部分监察御史为按部就班升迁，但也有个别监察御史被破格提拔。清代提拔最快的监察御史为康熙朝郭琇与咸丰朝王茂荫，二人升迁快速各有原因。

郭琇于康熙二十五年(1686)由吴江知县行取为江南道监察御史。康熙二十七年(1688)升为左佥都御史，康熙二十八年(1689)提拔为左都御史。康熙帝破格提拔郭琇是为了发挥其搏击作用消灭朋党，郭琇也不负众望上疏弹劾明珠与高士奇，为康熙帝打击消灭朋党发挥了重要作用。但郭琇因弹劾明珠也受人报复，因事被解职闲废近十年，后担任湖广总督。

王茂荫于咸丰元年(1851)由户部员外郎考选为陕西道监察御史。咸丰二年(1852)即升任太常寺卿，咸丰三年(1853)升任户部右侍郎兼管钱法堂。王茂荫之所以升迁如此之快，主要是其出身商人之家，入仕前曾从商，具有较多的实践经验，非一般官员可比。

王茂荫曾参与解决币制问题，表现出不俗能力，为推进币制改革咸丰帝对其破格提拔。但王茂荫任户部右侍郎后，并不赞成官方推进的以发行纸钞为主要内容的币制改革，而且屡次上疏反对。虽然王茂荫并未因上疏反对币制改革而受到处罚，但于咸丰四年(1854)由户部右侍郎调任兵部右侍郎。户部与兵部虽然同为六部，但一般认为由户部调兵部为贬抑。王茂荫反对币制改革的奏疏先被译成俄文再被译成德文而被马克思看到，马克思将王茂荫的思想写入《资本论》脚注，王茂荫因而也成为《资本论》唯一提及的中国人。

以上三种模式是监察御史升迁的主要路径。对于清代读书人而言，中进士后选为庶吉士，散馆后留馆，数年后考选为监察御史，升任给事中，外放任道员，再升任按察使、布政使、巡抚等职，是理想的升迁路径。

清代官员能考选为监察御史极为不易，可谓优中选优，而担任监察御史后认真履职即有良好的升迁前景，自可激励监察御史充分发挥作用。正是这种高效的激励机制，使得有清一代监察官员发挥了应有的作用。自顺治至同治每朝均有一定数量的监察御史升至从二品及以上高级官员。健全完善的升迁制度作为激励制度的重要组成部分，对促进监察御史发挥其整纲饬纪、绳愆纠谬的作用不可或缺。

对于激励机制而言，升迁机制只是其中的重要内容，除升迁规定外仍有其他如奖励以及较高的社会地位等激励措施。更为重要的是，约束机制与激励机制作为一个事物的两个方面，严格的约束机制也是促进监察官员认真履职的重要内容。监察御史不认真履职者，轻则原折掷回、申饬，重则革职、发回原衙门或发往军台效力，更重则处死等。清代正是构建了以升迁机制为主要内容的激励机制与严格的约束机制，才从正反两方面促进监察御史切实发挥其应有的作用。

四、监察官员约束状况

监察官员作为特殊群体，皇帝既要充分发挥其作用，又担心监察官员结党营私，在注重发挥监察官员作用的同时又对监察官员予以严格约束。清代诸帝经常发布上谕告诫监察官员不得结党，尤其是雍正帝、乾隆帝对于有结党营私嫌疑或者徇私妄法的监察官员不吝处罚，即便杀言官不祥，但雍正帝也不惜其个人名声而要予以严惩。对监察官员约束种类较多，重则处死，轻则申饬。

首先，处死为最严重处罚。清代一般遵循不杀言官的传统，极少对监察官员处以死刑，有清一代共有七名监察官员被处死。顺治年间，御史张煊因弹劾陈名夏被冤杀，御史顾仁、周世科因巡按地方期间犯法被杀。乾隆年间，御史蔡时田因科举作弊被杀。嘉庆年间，给事中英纶因贪婪卑污被杀，御史阿成因巡视银库偷盗库银被杀。光绪年间，御史杨深秀因上疏建言慈禧太后归政被杀。

其次，发往军台效力和革职为较重处罚。发往军台效力，包括革职后发往军台效力和以其他身份发往军台效力。光绪年间，御史安维峻因弹劾李鸿章被革职，发往军台效力赎罪。乾隆年间，御史炳文被革职发往军台以司官效力赎罪。革职包括革职留任。乾隆年间，御史金溶有玷言职被革职。光绪年间，御史屠仁守因建议慈禧太后待光绪归政后继续训政被革职永不叙用。乾隆年间，御史曹锡宝因弹劾和珅家人本当降二级调用，加恩改为革职留任。

其次，退回原衙门、降调、勒令休致属于次重处罚。退回原衙门，包括回任原职、待有闲缺补用与降职使用。降调一般针对左都御史和左副都御史，康熙年间左都御史郭琇因涉及徇私降五级调用。勒令休致即强令退休，雍正期间御史钱以煐因所奏荒唐被勒令以主事休致。

其他还有申饬、严行申饬、罚俸等较轻处罚。对于情节较轻者予以申饬或严行申饬。光绪年间，御史李暎因折片中讹字甚多而被传旨申饬。乾隆年间，御史范廷楷因摭拾浮嚣被严行申饬。较严行申饬再加重一档者为罚俸，分为罚俸三个月、六个月或一年不等，如题奏应密而不密罚俸六个月等。

除上述情形外还有其他处罚，如对某省监察官员在一定期限内停止晋升。乾隆年间，浙江巡抚福崧行事乖张被判死刑，但籍隶浙江科道没有一人弹劾。乾隆帝下令，所有籍隶浙江杭州府属监察官员两年内不得升迁，籍隶浙江省者一年内不得升迁。

第五节 《钦定台规》

《钦定台规》为古代监察制度中最完整的一部监察法规。虽然顺治朝和宣统朝曾有官员提议修撰《钦定台规》，但一般认为《钦定台规》由乾隆期间初修，后于嘉庆、道光年间重修，光绪初又续纂《钦定台规》。

一、《钦定台规》概况

从乾隆到光绪年间四次编纂《钦定台规》，收集清代历朝皇帝颁布的监察法规编纂成册，并令都察院遵行，成为清代监察机构行使职权的根本依据。

《钦定台规》前后共六次编纂。分别为：顺治十五年(1658)河南道监察御史上官铉条奏纂修，乾隆四年(1739)山东道监察御史博尔和奏请增辑，嘉庆七年(1802)奏请增辑，道光六年(1826)左都御史松筠等奏请增辑，光绪九年(1883)左都御史延煦等奏明增辑，光绪三十四年(1908)都察院奏请续修。

顺治时期曾颁布上谕要修订钦定台规。顺治十五年(1658)，经掌河南道监察御史上官铉条奏，台规宜照会典参酌时宜，订正成书刊刻颁行。吏部、都察院议复同意。但未见成书记载。

乾隆版《钦定台规》于乾隆八年完(1743)工，共八卷。嘉庆七年(1802)奏请增辑，嘉庆九年(1804)告成，共十九卷。道光六年(1826)又奏请增辑，道光七年告成，共四十卷。光绪九年(1883)再次奏请增辑，光绪十六年(1890)告成具奏，共四十二卷。光绪十八年(1892)印成。嘉庆版已不存，乾隆版过于简略，当前主要以道光版与光绪版行世。

光绪三十四年(1908)，都察院奏，称台规自光绪十四年(1888)以后未能续修，现当预备立宪修明政要增订法规之时，自应遵照历次《钦定台规》，分门别类续为订定，以昭遵守。虽然被批准，但数年后清灭亡，重修未果。

《钦定台规》修纂者由皇帝钦定，组织一批熟悉监察制度的监察官员共同编纂。道光年间《钦定台规》主编松筠曾任都察院左都御史、礼部尚书和兵部尚书，还曾任陕甘总督等职，熟悉中央与地方的政府工作。其他编者也都多年从事监察工作，分别为六科给事中与各道监察御史。

光绪九年(1883)，左都御史延煦受命重修《钦定台规》，历时七年至光绪十六年(1890)修成。光绪九年(1883)八月，左都御史延煦等率科道各员将旧有台规，详加覆并参校及细查各衙门送到例案，补充自道光八年(1828)以后所有钦奉圣谕、上谕以及议准各条，分类编辑釐为四十二卷，缮写黄册恭呈御览。

光绪年间修纂的《钦定台规》，由延煦等一百二十二人参与编撰，光绪十八年（1892）刊印。延煦，满洲正蓝旗人，咸丰六年（1856）中进士，选庶吉士，授编修，累迁内阁学士等职。光绪九年（1883）任左都御史，奏请增辑《台规》。光绪十年（1884），皇帝寿辰时左宗棠未随班叩祝，延煦上疏劾其害礼负恩而有声。光绪十二年（1886），慈禧谒东陵，对孝贞显皇后即慈安陵不欲行跪拜礼，延煦坚持不可，面诤数四。慈禧虽怒甚，但不得已跪拜如仪。《清史稿》称其为"立朝大节，侃侃无所挠，士论伟之"。

光绪版《钦定台规》总阅左副都御史以上官员四十二名，分修六科给事中、监察御史三十七名，分校六科给事中、监察御史十三名，覆校监察御史四名，详校都事、经历四名，收掌经历、笔帖式十二名，校对经历、都事、笔帖式十名。合计大小官员一百二十二名。

二、《钦定台规》内容

《钦定台规》光绪版为四十二卷，刊载了皇太极天聪十年（1636）至光绪十四年（1888）有关监察的政令文书，为清代《钦定台规》最完备的版本。全书分为训典、宪纲、六科、各道、五城、稽察、巡察、通例八部分。每类又分若干目。各类目内容按时间顺序编排。

（一）训典

共八卷。分圣制、圣谕、上谕三目。卷一为圣制，卷二至卷七为圣谕，卷八为上谕。

训典为清代皇帝对监察机构各种综合性指示的汇总。圣制是皇帝的题词与专论，圣谕汇集了自皇太极至咸丰年间皇帝的指示与要求，上谕为光绪年间皇帝的指示与要求。

（二）宪纲

共六卷。分序官、陈奏、典礼、考绩、会谳、辨诉六目，各一卷。

宪纲是关于监察机关的设置与综合性规章。序官规定都察院的职掌、官员品级等内容。陈奏是都察院官员的奏事制度。典礼是科道官对朝会、临雍、祭祀等大典侍班纠仪的规定。考绩为监察京察、大计、军政等官员考核制度。会谳是与刑部、大理寺等机构会审、稽核案件的规定。辨诉是处理京控案件的规定。

（三）六科

共两卷。分通掌与分掌两目，各一卷。

六科是关于吏、户、礼、兵、刑、工六科给事中职掌及其要求的条文。通掌为六科的共同任务与要求。分掌规定各科的具体任务与要求。

（四）各道

共两卷。分通掌与分掌两目，各一卷。

各道是关于各道监察御史，包括宗人府御史、稽察内务府御史等的职掌及其办事制度。通掌为各道的共同任务。分掌规定各道的具体职掌和要求。

（五）五城

共十卷。分纲领、条教、听断、保甲、纠捕、赈恤、禁令、界址、司坊、街道十目，各一卷。

五城是卷数最多的内容。五城即指五城察院，对相应机构的职责进行了明确规定。

（六）稽察

共七卷。分京通十六仓、户部三库、八旗、宗人府等衙门、考试、铨选六目。其中考试两卷，其他各一卷。

稽察是派都察院官员专门监察某些特殊机构的制度，对如何派员稽察以及具体要求作了明确规定。

（七）巡察

共三卷。分漕粮、盐政、游牧三目，各一卷。

分别规定三种御史的巡察制度的内容。并附有清初《巡察各处旧例》的巡按御史制度。

（八）通例

共四卷。分考选、升转、礼节、公署四目，各一卷。

通例主要是关于都察院科道等官员选拔标准、方法、升转制度及其办事要求等的内容。

第二章

清代科举概况

第一节　清以前科举概况

一、隋以前的人才选拔

(一) 周代乡举里选

夏商周时实施世卿世禄制。不过虽然是世卿世禄制,王和卿大夫之子也并非可以直接继承爵禄,而是必须经过培训并考核合格后,才有资格继承爵禄。

夏商如何选士,无籍可考。周代选士制度,首先由乡举里选,再由乡大夫贡举到诸侯或天子。贡举人才由地方基层逐级向上推举选拔,因此也称为乡举里选。

人才评选的标准为三等:德行为上,其次治事,再次言语。

一般认为科举肇端于西周的乡举里选。周代乡里每三年举行一次"大比"考试,选拔贤能之士。这可视为汉代按人口比率察举孝廉与秀才的滥觞。每三年举行"大比",也成为宋代以后科举每三年举行一次的理论依据。

周室东迁后学校选士之制渐废,诸侯公卿养士之制取代学校选士。公立学校逐渐衰退,私人讲学之风日盛,思想自由,百家争鸣。

春秋战国时期诸侯为争霸天下竞相争夺人才,选才途径大为拓宽，既有自荐也有推荐。这一时期百家争鸣，涌现出大量人才。

孔子明确提出“举贤才”，强调“学而优则仕”与“有教无类”，提倡提拔德才兼备之人。

（二）汉代察举制

汉朝人才选举上形成一套完整的制度，即察举制。察是按照一定标准进行考察，举是举荐。先由公卿列侯、刺史及郡国守相等推举人才，再由朝廷考察后任以官职。察举分为岁举和诏举。岁举每年举行一次，诏举奉诏随时进行。

汉代选士制度大致分为两类。一是贤良方正，朝廷每年诏举“贤良方正，能直言极谏”之士。二是孝廉茂材，孝廉为孝子、廉吏的简称。孝廉奖励重在德行。茂材即秀才。因避东汉光武帝刘秀之讳改秀为茂，才又通材，因而称秀才为茂材。茂材等级高于孝廉。

汉武帝独尊儒术诏建太学，天下郡国都立学官。太学以五经课士，以博士任教授。

东汉虽然继承西汉选官制度，但更加重视考试，而且考试更为严格。充分发挥学校培育人才的作用，学校为人才养成之所。京师有太学，地方有郡国之学。

汉代察举最重道德，汉代教育为德治时期的教育。但通行日久弊窦丛生，窃名伪服者日出，钻营者益多。察举变成不察而举甚至误举滥举，也有人故意行非常之事而博声名以图被举荐。当时有称“举秀才，不知书；察孝廉，父别居；寒素清白浊如泥，高第良将怯如鸡”。

（三）魏晋九品中正制

曹魏时在州郡设立中正一职，由“贤有识鉴”的人担任中正，再由中正品评各地人才的高下，供朝廷选用。把人才分成九品，即九品中正制。

九品中正制施行之初，取得一定有效。这项制度注重乡里清议，铨定方法也较为详慎，有利于吏部选拔人才。但任中正之职的往往滥用职权，任意评定等第高下，逐渐失去其本意所在。

九品中正制创立后一直沿用至两晋南北朝，弊端日深，世家子弟多登上品，寒门子弟仕进无路，导致“上品无寒门，下品无世族”。中正制度助长门第，门第拥护中正制度，因而至晋代，九品中正制仍相沿未改。

二、隋代开创科举

南朝后周时期豪门贵族大多数已趋崩溃，君主力量逐渐伸张。在此背景下开始逐步改革不合理的九品中正制度。

隋代成立之初仍循旧例，以九品中正制选官，同时实施察举制。但二者选拔人才的作用有限。不久废除九品中正制，并把基层官员选举任命权收归中央，由吏部掌管。

隋开皇七年(587)，隋文帝为选拔人才，下令诸州岁贡三人，但工商不得入仕。

隋大业二年(606)七月，隋炀帝杨广下令开进士科取士。进士之名起源很早，隋炀帝设立科目借用进士之名。进士科确立朝廷设科招考完全以考试成绩决定弃取的选官制度，即科举制度。

州郡按照规定选拔合格者解送朝廷参加考试，称为贡士。州郡策试于前，朝廷策试于后。贡士通过朝廷考试之后即可授官。

三、唐代科举发展

唐代进一步发展科举制。科举科目较多，包括秀才、明经、进士、明法、明书、明算六科。这些科目也称常科或常举。

六科中秀才一科考选极严，而且有“举而不第者，坐其州长”的规定，从唐太宗贞观以后遂无人敢于轻试，秀才科自然消亡。

诸科中最被重视的是明经、进士二科。明经科先贴经，后口试经，问大义十条，答时务策三道，亦分为甲乙丙丁四等。进士科试时务策五道，贴一大经。经策全通的为甲第，策通四、贴过四以上的为乙第。后改试试赋和经义。

因进士很难、明经容易，所以有“五十少进士，三十老明经”之说。有的人为尽快取得入仕机会而考明经放弃进士科，如狄仁杰。但位极人臣则不由进士举者，终有遗憾。白居易考中进士后，写下“慈恩塔下题名处，十七人中最少年”。孟郊考中进士后，写下“春风得意马蹄疾，一日看尽长安花”。

常举之外有制举，即皇帝随时下诏举行的科举称为制举。科目由皇帝自定，包括贤良方正能直言极谏等科。

由地方州县府逐层考选士子送至礼部，再举行正式考试，所以贡举考试又称为乡贡。唐代科举原本由吏部考功司郎中主持，但其职级过低，而且曾引起过较大的风波。唐玄宗开元二十四年(736)将其职能转入礼部，由礼部侍郎主持。此后至清末，科举一直由礼部负责。

因负责考试的主管机关礼部属于尚书省，所以称为省试。考试归礼部负责后，在礼部南院设立贡院。此后一直至清末取消科举，历代科举考试都在贡院中举行。

唐代进士每科录取人数极少。唐朝举人赴京考试都要投状，第一名故称状元。第二名，眼二也，故名榜眼。第三名，唐朝新科进士杏园举行探花宴，故名探花。

武德五年(622)头名进士为孙伏伽，此为中国历史上首位状元。与孙伏伽同榜中进士的仅有李义琛等三人。唐高祖时每科平均取士 4.4 名，贞观时期平均每科为 10.3 名。会昌二年(842)，壬戌科状元郑颢是历史上唯一的状元驸马。

唐代士子经礼部考试及第后，仅取得授官资格，并不直接授官。必须再经吏部考试，才能授以官职，称为释褐试。有举进士而累年不第者，如韩愈三试于吏部无成而十年布衣。

吏部择官员的标准为身言书判。即身是否体貌丰伟，言是否言辞辩正，书是否楷法遒美，判是否文理优良。其中重点是判。考试时先观书判，而后察其身言，书判不能入选的不能入第。通过者授官，一般授县尉等职，极少授京畿县县尉。任京畿县县尉者升迁前景较好，改任监察御史者较多。

武则天时期科举制度进一步创新。载初元年(689)二月，武则天亲自策问贡士于洛城殿，有学者称此为殿试之始。但此后亲自策问并未形成制度，而且与此后朝代殿试的具体形式也有所不同。

神龙元年(705)确立进士三场考试之制。自此三场考试的规定，为以后各朝进士试所沿用。

常科考试参加人数众多，考录程序较为复杂。一是投牒自考，允许士人自由报考。二是府州解试。府州举送考试又称乡试，府州解送考试第一名称为解元或解头。

每年十月，考试者到尚书省报到。正式考试通常在正月或二月举行，以正月居多。试卷经主考官评阅后，将录取名单张榜公布。放榜的时间通常在二月，因在春天又称为春榜。一般是早晨放榜，有诗称“仙榜标名出曙霞”。

进士及第后在放榜后有一系列庆祝活动，包括曲江宴会、杏园探花、雁塔题名等风尚。

为防止落第举子闹事，开元二十五年(737)规定进士科发榜后，录取者所试杂文及策文要送中书门下详细复核。由宰相最后审查试卷，以从制度上提高科举权威。

四、宋代科举成熟

科举经过宋代的发展逐步趋于成熟。宋初科目较多，宋神宗熙宁四年（1071）废明经等科，专以进士一科取士。后进士科又分为经义进士和诗赋进士。

宋初秋季州试取解，士人在本州考试合格后，秋天发解，冬天集中于礼部。第二年春天礼部考试合格者，列名放榜于尚书省，称省试。

建隆三年（962）下诏，废止中唐以来知贡举官与及第考生结成座主门生关系的做法，要求进士效忠皇帝而不是主考官。乾德元年（963），禁止通榜公荐，荐举因素最终被排除。

宋初省试合格者不需要殿试，后规定需参加殿试。殿试始于宋太祖开宝六年（973）。自此，殿试成为最高一级考试。最初殿试有黜落，后实行殿试登科随后即释褐入仕的制度。因有殿试被黜落的举子投奔西夏，而对北宋造成极大麻烦。所以规定殿试不再黜落，只分等第，而且全部授官。

开宝八年（975）殿试，开始有省元与状元之别。当年殿试时，王嗣宗、陈识二人文章不分高下，皇帝令二人通过角力摔跤竞争状元。结果王嗣宗取胜得状元，人称摔跤状元。

为确保科举考试公正，宋代推出一系列措施，包括糊名与誊录等。宋太宗淳化三年（992）在殿试中糊名，从此糊名成为殿试惯例。大中祥符四年（1011），省试中开始实行糊名法。

宋真宗景德二年（1005）首次实行誊录法，以使考官无法识认笔迹。至景德四年（1007），正式确立誊录制度。誊录后盖上御书院印，以防止偷换试卷。大中祥符八年(1015)专门设立誊录院，由专职书吏誊抄试卷，自此省试也实行誊录。

为防止官员子弟作弊，宋太宗采用别头试办法。别头试起于唐代，是为知举官及与科举考试有关人员之子弟、亲属专门举办的考试。宋太宗雍熙二年(985)省试令考官亲戚别试以后，宋代别头试予以固定。

现任官员参加科举考试时，实施专门“锁厅试”。殿试取得第一名者也要降为第二名。

自宋太宗雍熙二年(985)始，及第进士分为三甲。科举最初是每年一次，后改为两年一次。治平三年(1066)根据周代三年“大比”规定，三岁一开贡举，并一直为后世沿用。

为牢笼士人、安抚贫寒年老举子，设立特奏名进士。将多次参加科举而不能考中进士的举人，由礼部奏名直接参加殿试，一律赐予出身或授予官衔，以优待老而无成的举子。这种举人应省试多次不第特赐出身者称为特奏名及第，又称恩科及第。

宋代一改唐朝进士名额录取过少之制，宋太宗大幅扩充录取名额。宋太宗称虽然录取的进士不可能个个成器，但如果有十之一二成才便算成功。

宋太祖开科 15 次，每科平均 13 人。宋太宗扩大名额，共开科 8 次，每科平均 186 人。

五、元代科举延续

元朝统一全国后最初未举行科举。直至元仁宗延祐二年(1315)才开始举行科举。

元代科举每三年举行一次，有乡试、会试与殿试。明确规定科举考试要从儒家经典四书、五经中出题，而且规定以程朱的注疏本为准。

著名散曲家张养浩曾任元代首次科举主考官。张养浩亦为著名监察官员，著有《风宪忠告》，论述了如何做一位合格的监察官员。

六、明代科举定型

（一）概况

明代科举始于明太祖洪武三年（1370）。朱元璋发布诏书，下令以科举取士。但开科取士后，朱元璋对科举选拔的人才并不满意，洪武六年（1373）二月下诏停止科举。但因找不到更为合适的选拔人才的制度，至洪武十五年（1382）八月又发布诏令，宣布恢复科举制度。此后科举三年一试为定制。

科举之年八月，诸生试于各省，称为乡试，中式者为举人。次年二月，举人会于京师，为会试。考试分为三场。会试中式者，皇帝亲策于廷，称殿试。

殿试分为三甲。一甲三人，为状元、榜眼、探花，赐进士及第。二甲若干人，赐进士出身。三甲若干人，赐同进士出身。

（二）童试

洪武十七年（1384）规定，士子童试合格以后，才有资格参加乡试。

童试又称童生试、童子试，包括县试、府试和院试三个阶段的考试。

凡未获得秀才功名者，均称童生。童生需要参加县试，县试由知县主持。县试的录取者有资格参加由知府主持的府试。通过府试的有资格参加由提学道主持的院试。

院试与县试、府试的内容相同，以《四书》义、本经和论、策为主。

院试的取中者称为生员，俗称秀才。生员有资格入府州县学学习。生员在正式入官学前，需要进行一次覆试。覆试通过后，正式进学。

中秀才后成为塾师教授学生，是诸多秀才的主要职业，以边教边备考。

(三) 乡试

乡试又称乡闱，考试时间为子、午、卯、酉年八月。八月为秋天，故又称秋闱。

乡试分三场举行。八月初九日为第一场，十二日为第二场，十五日第三场。先一日放入，次一日放出。

初场试四书义三道，经义四道。二场试论一道，判五道，诏、诰、表内科一道。三场试经史、时务策五道。

试卷首页，书应举人的三代姓名和籍贯年甲及所习本经等。回避御名、庙号，不许透露个人信息。应举人用墨笔写，称墨卷。誊录用朱笔写，叫朱卷。

乡试主考官和同考官为内帘官。主考官主要负责出题和确定各经房的录取名额、确定录取试卷，并排定录取名次。同考官负责评阅试卷，因分房阅卷故又称房考官。

提调官、监试、供给官、印卷官、收掌试卷官、受卷官、弥封官、誊录官、对读官、巡绰官、监门官、搜检官等为外帘官。

科场文字要求务必平实典雅，不许浮华险怪。文章要求醇正内雅、明白通畅，并且符合程式。

乡试取中者为举人，第一名为解元。乡试中榜称乙榜，也称乙科。举人有资格参加会试。举人即使会试未能考中进士,也可以通过吏部铨选而做官。

(四) 会试

会试由礼部主持又称礼闱。辰、戌、丑、未年二月于京师举行,初九日第一场,十二日第二场,十五日第三场。各省中式举人,包括新科举人和会试下第举人都有资格参加会试。

最初会试录取不分区域。至宣德二年(1427),会试实施南卷60%、北卷40%比例以中。后又南北卷各出5%给中卷。即南卷取中45%,北卷取中35%,中卷取中10%,即南北中分卷取。

(五) 殿试

会试后为殿试。殿试由皇帝主持,亲策于廷。殿试仅考时务策一道,考试内容为“治天下之道”。

殿试不黜落,取一甲三名,二甲若干名,三甲若干名。一甲三名为进士及第,直接授官。一甲第一名即状元,授翰林院修撰,从六品。修撰亦为状元专职。第二、三名授翰林院编修,正七品。二甲为进士出身,三甲为同进士出身。明代状元平均年龄为32.3岁。

明代实施庶吉士制度,从新科进士选拔庶吉士。庶吉士俗称翰林,一般升迁前景良好。学习年限一般为三年,散馆后优秀者留在翰林院任编修、检讨,其他任命为给事中、御史等职。

(六) 八股文与贡院

明代将科举视为至公之事,各省贡院都建有为至公堂的建筑。明代通过八股文和贡院规制实现科举至公。

1. 八股文

朱元璋确定以八股取士牢笼士人。八股文格式定形于成化二十三年(1475)之后。

八股文由破题、承题、起讲、入手、起股、中股、后股、束股八部分组成。起股、中股、后股和束股四个部分,各有两股,文字繁简、声调缓急,都要对仗成文,合称八股,所以称八股文。

八股文"代圣人立言",具有固定文章结构和严格的作文方法,利于考官评阅试卷,即"文有定评"。八股文作为一种有效的测验文体,能较为充分地体现考试的客观公正的原则。作为标准化的文体考试,不同的考官对于同一篇八股文一般会有大致相同的评价。

八股文不但需要对付工整、平仄抑扬、合于声律、气势雄浑,还要起承转合、一丝不苟。最好能做到委婉而不直率,虚实相正,正反相对,富丽而不浮华,而且言之有物。

八股文在一定程度上测验士人的经学和文学两方面的能力,具备测验士人才智和能力的功能。八股文较好地体现出考试的公平性原则,能选拔出才智水平较高的人才。

2. 贡院

试士之所,称为贡院。贡院为乡会试考场,荆棘遍铺于围墙之上,所以又称棘院、棘闱。成祖永乐十年(1412)后,贡院格局基本定型。各省贡院只是规模大小不同,建置上整齐划一。

贡院内部建筑分为三部分。

第一部分是以明远楼为中心的贡院主体建筑,位置在考场的最南边。明远楼建在进龙门之后的甬道中央,是最高的一座建筑,三层楼,二、三层有柱无墙或者四面都是窗户,以登楼眺望居高临下,防止考生作弊。通道东西两侧为号舍,每排号合编为一个字号，以千字文序号排列。

号舍三面有墙，南面敞开，没有门。一般宽三尺，深四尺，后墙高八尺，前檐约高六尺。两边砖墙上离地一尺五寸高和二尺五寸高的地方分别留有一砖缝，用于搁置号板。号板两块，写作时一高一低，一为桌、一为座位。睡觉时将高的取下放置低处，成为一简易床。号舍是用最简单的设计与最少的材料，构建出能满足一个考生最低需求的考试与休息空间。

第二部分是贡院中心的至公堂以及号舍。至公堂的至公二字取自欧阳修“无情如造化，至公若权衡”。南京贡院有杨士奇对联：“号列东西，两道文光齐射斗；帘分内外，一毫关节不通风。”后来各省贡院明远楼中均书有此联。至公堂为外帘官工作之所，设有掌卷所、受卷所、弥封所、誊录所、对读所等部门，也是巡绰、监临、提调等外帘官员和其他考务人员的居住场所。

第三部分是贡院的核心，即内帘部分。内帘与外帘绝对分开，以防内外交通作弊。内帘的中央建筑于顺天贡院称为聚奎堂，名省多称衡鉴堂或衡文堂、抡才堂，是主考官和同考官分房评阅试卷的场所。内帘部分除聚奎堂外，还有内收掌、内监试、内提调等部门以及刻字房和印刷房。

第二节　清代科举概况

一、童试

（一）资格

童试亦即童生试，俗称考秀才。应试者为未曾入学、无功名的读书人，无论年龄大小统称为童生。

有一副对联是“人生七十还称童，可云寿考；到老五经犹未熟，不愧书生”，对年纪较大而仍应童生试的考生不吝挖苦之意。

《儒林外史》中的周进与范进均为年纪较大的童生。周进纳监进场，即捐监生得以参加乡试中举。范进中秀才后参加乡试中举，再中进士，先任部属后又考选监察御史，再任山东学道。

未冠者即年龄未满二十岁者，又称为幼童。幼童考试题目相对较易，所以有的童生虽然超过未冠之龄而冒称未冠。

童生应试需具备五项条件，即身家清白、本籍报考、无匿丧之举、无枪替之弊、廪生保结。

清晚期状元张謇应童试时，曾因冒籍他乡而倍遭勒索，后来不得不主动自首。后在翁同龢的赏识提拔下，得中光绪二十年(1894)甲午科状元。

童试分为县试、府试、院试三级。

(二) 县试

开考前组织应试童生报名，同时进行资格审查，根据报考人数准备试卷。县署礼房受理本县童生报名事。童生报名当场填写，不许假手他人，不得谎报年岁，不得冒籍。需要廪生作保。

根据童生应试人数，由礼房备办试卷。卷面上有三圈，上圈书府、州、县，中圈书生员情况，下圈书习某经。接缝之处上用提调、下用儒学名印钤盖。卷面加浮签，上书姓名，粘在第三圈下面，旁留少许以备填坐号。

童生入场时点名领卷。为防止替考，需要由保结廪生当场识认，然后按卷面所印坐号入场归座。考试时除发试卷外，另附空白草稿纸数页。童生书写完毕交卷时，正、草稿要全，而且文字必须相符。交卷后，试卷弥封。

考试一般分五场，第一场为正场，最为重要。其后为覆试，亦称招覆。第二场为初覆，第三场为再覆，第四五场连覆。

县试考官为本县知县。正场交卷后，知县凭文章水平高下录取。所选取的文章，务期清真雅正、理法兼备，不得故摭一家之言。

县试的录取结果只为送府试，所以一般录取标准较宽。县试第一名称县案首，院试时一般会录取入学。县试录取后，造具名册上报，准备府试。

（三）府试

县试结束一或二月后即考府试。县试录送童生全部集中于所管府（或直隶州、厅）进行考试，考官为知府等官员。

府试须将所属各州县录取的童生会齐，一日内考试完毕。府试考场各地多设有考棚，也有未设考棚而利用衙署或学宫进行考试的。

府试的命题与阅卷，均系知府亲定。头场试题亦有未冠与已冠之分。府试每场亦以一日为准，必须当日交卷，不准给烛照明。

府试录取后，将录取名单造册申报学政，以待院试。

（四）院试

院试由各省学政主持。学政别称提督学院，由其主持的童生试为院试。院试仍以府为单位，学政亲临各府主持考试。

院试录取者即为生员。

学政为主管一省学校政令之长官，亦称督学。学政例于子、午、卯、酉乡试年八月简放，依省份远近，按站驰驿而往。学政在任三年，要两次巡回各府，主持生员的岁试与科试以及童生的院试。

参加院试的童生需是经县试、府试考选录送者，而且需要进行资格审查。

考试当日五鼓，提调官于大门外点名，保结廪生识认。搜检后学政堂吏发放试卷，童生各就座位。因考试人多不发题纸，将考试题目粘于长柄牌上，吏员擎游四周，令各生抄录。答题完毕，童生交纳试卷。申刻净场，不论已未誊完都令交卷出场。

院试除正场外，一般只覆试一场，亦称大覆。

正场交卷后，即行阅卷。院试阅卷以学政亲自批阅为主，亦准延请幕友协助。但所请幕友需遵循回避原则，籍贯必须是本省五百里之外。学政阅卷之前，不得看童生以前的文章，以防通过笔迹作弊。

院试录取随阅随录，最终录取名额依学额而定。学额大体按文风高下与钱粮丁口多寡确定。一般大府二十名，大州县十五名，小县或四名五名。

考取后称生员或秀才。生员为终身资格。取列第一名为院案首。若县、府、院三试皆为第一名称小三元，与乡试、会试、殿试均第一的大三元相对。

新生入学，例有簪花礼、谒圣、拜老师等仪式。州县官率新生往孔庙谒圣，后至学宫明伦堂谒老师。

能考中秀才亦属不易。而且“秀才为宰相之根苗”，中秀才后可应乡试、会试、殿试后步入仕途，一般正途出身者大都由秀才起步。一般人受影视作品影响认为考取秀才较易，实属误读。

二、乡试

（一）概况

乡试是科举取士的第一级考试，因分省举行故称乡试。应试者是经考选录送的生员、贡监生及其他杂项人员。

取中者为举人，有资格参加会试。凡中举人之人，可以按科无限期赴京参加会试，也可由大挑入仕。大挑入仕，主要是为屡考不中者提供一条出路。

由举人入仕者即为正途出身。清末左宗棠即是举人出身。

子、午、卯、酉年秋八月举行乡试。作为定制年份举行的乡试，礼部依例而行，故称正科。

清初有加科，后有恩科。恩科有万寿恩科和登极恩科。康熙五十一年(1712)，举行万寿恩科。后皇帝登极以及皇太后万寿亦有开恩科之举。有清一代共开 112 科，其中正科 84 科，加科 2 科，恩科 26 科。

各省乡试考官一正一副，由京官担任。正副主考官乡试前由皇帝钦点，从京城出发至乡试省份。

顺天乡试一般为一正三副。顺治、康熙年间有状元担任顺天乡试主考官的惯常作法。但因容易推断考官是何人易于启作弊之途，后取消状元任顺天乡试主考官之例。

雍正三年(1725)起，实施考差制。即有资格参加考试的官员通过考试后，再由皇帝钦点。乡试主考官由进士出身者充任。

考试钦命《四书》题一道，《五经》题一道，诗一道。

（二）资格认定

清明确“科举必由学校”。应乡试者以生员为主，同时也有贡监生以及其他一些杂项人员。

各省乡试入场有定员，参加者必须经过资格考试通过后才能入场。该考试称为录送乡试。未能录取或因故未参加考试者，也可通过参加录遗和大收，通过者同样可以参加乡试。

对参加乡试者有道德品质的要求。雍正四年(1726)，雍正帝以浙江“士风败坏”为由，停止浙江士子参加乡试与会试的资格。后于雍正六年(1728)重新允许浙江士子参加乡试与会试。《圣谕广训》作为对士子进行道德品质教育的教材，自雍正朝颁行后，为朝廷要求士子必读之书。

乾隆十三年(1748)规定，生监科举，每录取举人一名，大省取送八十名参加乡试，中省取送六十名，小省取送五十名。每录取副榜一名，大省多取四十名参加乡试，中省加取三十名，小省加取二十名。学政于科举及录遗时，通盘核算，遵额取录。

(三) 乡试省份

乡试在各省省城贡院举行。

清初只有顺天、江南、山东、河南、山西、陕西六省举行乡试，以后逐步增加。顺治十七年(1660)，定乡试为十五省。

雍正元年(1723)，将湖广分湖南、湖北二省举行乡试。

甘肃、宁夏最初应陕西乡试。光绪元年(1875)三月应左宗棠之请，清廷批准甘肃分闱，并设甘肃学政。当年六月建成甘肃贡院。当年八月，即举行陕甘分闱后第一次乡试，盛况空前。参加乡试的士子三千余人，为陕甘分闱前赴西安参加乡试士子的两三倍。

甘肃贡院坐东向西，纵深一百四十丈，横阔九十丈，一次可容纳四千多考生应试。吴可读时任兰山书院山长，受左宗棠之托，协助筹建甘肃贡院。

贡院建成后，吴可读撰长联以纪：“二百年草昧破天荒，继滇黔而踵湘鄂，迢迢绝域，问谁把秋色平分，看雄门四扇，雉堞千寻，燕厦两行，龙门数仞，外勿弃九边桢干，内勿遗八郡蟾楠，画栋与雕梁，齐焜耀于金戈铁马以后，抚今追昔，饮水思源，莫辜负我名相怜才，如许经营，几番结撰；一万里文明培地脉，历井鬼而指斗牛，翼翼神州，知自古夏声必大，想积石南横，崆峒东矗，流沙北走，瀚海西来，淘不尽耳畔黄河，削不成眼前兰岭，群山兼众壑，都奔走于风檐寸晷之中，叠嶂层峦，惊涛骇浪，无非为尔诸生下笔，展开气象，推波助澜。”

联内“名相”即指左宗棠。有清一代，甘肃中进士者较少，吴可读为其一。吴可读中进士后考选监察御史，因弹劾权贵被革职回乡，受左宗棠所聘主讲兰山书院。

甘肃首次乡试第一名即解元，为安维峻。后安维峻中进士考选监察御史，因甲午战争后弹劾李鸿章被称为“陇上铁汉”。

康熙二十二年(1683)收复台湾后，台湾士子应福建乡试。

新疆士子应陕西乡试。

(四) 试期与场次

乡试共考三场。士子入场，先一日点入，次一日放出。

初九日为第一场，为三日二夜，初八进场，初十出场。

十二日为第二场，十一日入场，十三日出场。

十五日为第三场，十四日入场，十六日出场。

(五) 评卷

评阅试卷的标准是清真雅正。亦即要用简洁、典雅、畅达的语言来阐述士子所领悟到的圣贤之学，“代圣人立言”。

考官重点从理、法、辞、气四点为主批阅八股文。理是考查考生对儒家经典的掌握和对宋儒著作的理解。法是考查考生对八股文行文方法的运用。辞是考查考生的文字组织能力和表达能力。气是考查考生蕴含在文章中的思想才情的深度。

录取原则，首先是“衡鉴精详”。即凭文取士务得真才，不致有遗珠之叹。清代极为强调公平公正，对取士不公或营私舞弊的考官有相应处罚，作弊情形严重者可能被处死刑。

录取必须严格按各省规定的解额以及官卷等各字号分别取中相应的数额，不得任意增减。

正副主考官下设同考官，同考官分房阅卷，也称房考官。同考官先行阅卷。同考官初选取中的文章，即予向主考官推荐。副主考官认可荐卷则批“取”，正主考官认可录取则写“中”。主考官、副主考官及同考官推荐试卷的理由要一起保留，以备磨勘之用。同考官举荐的试卷，如果主考官不予认可被拒绝，同考官可以再荐，称为“抬”。

一般而言，应三场考试完毕后同考官再予推荐拟取中的试卷。但因缘相传，首场考试后同考官即各推荐一名，由副主考官、主考官取中，这样皆大欢喜。而后二场、三场虽然也有因文字出色被推荐取中者，但关键在首场。

虽然官方一再强调要精阅三场试卷，但在考卷数量较多的情况下，认真评阅首场试卷已属不易，很难再认真评阅二、三场试卷。也有同考官重点看试帖诗，认为试帖诗好，文章自然也好。如清末大学士宝鋆即是如此。

中举人揭晓日期由主考官酌定，顺天及大省乡试于九月十五日内，中省于九月初十日内，小省于九月初五日内。江南乡试合江苏、安徽两省士子，试卷过多，于九月二十五日内揭晓。

放榜时多故意选择寅、辰之日。因寅属虎、辰属龙，以龙虎榜之名，以求吉利。

举人为科第出身的第一级，又称乙榜。第一名称解元。

乡试卷有文优而限于录取额数者，可另行取中，称为副榜。副榜列于正榜之外，与正榜同发。

雍正五年(1727)丁未科会试后,设立明通榜,落卷中如有文理明顺待朝廷选用,回原籍候补教官,此为明通榜之始。登明通榜的举人,称为明通进士。乾隆五十五年(1790),因和珅建议,取消明通榜。

顺天乡试解元必须录取直隶省籍的考生,第二名则选南方人士。

乡会试放榜后,允许落第考生凭卷票领回自己的考卷,称为发领落卷。如果觉得阅卷不公,可以向礼部申诉。这样不仅可以安抚落第考生,也可以监督阅卷考官公正评卷。

在落卷中搜寻优秀的试卷,称"搜落房",或称"搜房"。道光十二年(1832)壬辰科乡试,湖南乡试主考官徐法绩在落卷中搜得左宗棠卷,左宗棠中十九名。

不同人员用笔颜色不同。乡试内帘主考官用墨笔,同考官用蓝笔,内监试用紫笔,内收掌及书吏用蓝笔,外帘官员用紫笔。誊录手用朱笔,对读用赫黄笔。禁止携带黑墨进入考场,以防作弊。

士子中式者,称主考官曰座师,称同考官曰房师,称其余考官曰受知师。

(六) 待遇

以举人身份入仕者,与进士相同,均为正途出身。

新科举人有旗匾银及冠服之赏。各按名给旗匾银二十两,顺天举人于户部领取,各省举人于布政司领取。旗匾银中式者竖旗、制匾、建牌坊之用,以荣耀乡里。冠服之赏或为实物,或折银。

发榜后次日,设宴款待场官、考官及新中式举人,称为鹿鸣宴。

乡试中举之人届周甲六十年,适其乡试中式之科,与新科举人一起赴鹿鸣宴,称重赴鹿鸣。

光绪二十六年(1900)八国联军进北京,共有十二省乡试延期。光绪二十八年(1902)补行庚子、辛丑恩科正科并科乡试,有十二个省份开科考试。考试的内容是头场试中国政治史事论,二场策问,三场经义。

三、会试

(一) 概况

顺治二年(1645)下令,会试定于辰、戌、丑、未年二月,各直省乡试定于子、午、卯、酉年八月。

雍正四年(1726),将会试日期由二月改为三月。主要是由于二月春寒不利于士子发挥。会试之年遇有闰月,奏请改期。

乾隆九年(1744),会试改期于三月举行,成为定制。

会试旨在选拔进士。由各省举人及举人出身的杂项人员会集京师进行考试,故名会试。

会试考三场。三月初九日为第一场,十二日为第二场,十五日为第三场。每场都是先一日点入,次一日放出。亦即,每场考试士子需要在考场待上三个白天两个夜晚。因贡院号舍过于简陋,三场考试下来士子极为辛苦,因而有“三场辛苦磨成鬼”之说。

会试由礼部主持,又称礼闱。

中式者称贡士,第一名称会元。通过覆试后参加殿试后,才成为进士。

(二) 起送会试

举人应试,由本籍地方官府或吏部等衙门发给咨文。举人至京后,或在京举人亲自至礼部投递,称起送会试。

各省举人,无论新科、旧科,凡无匿丧、冒籍、过犯、黜革、罚科等项，均准会试。

顺治十四年(1657)后，举人在会试前要覆试，以防假冒。举人覆试制度确立后，凡覆试合格者均准会试。有官员子弟赐举人，亦可一体会试。

各省新科举人一律在会试年二月初十日前到京覆试，因而必须提前在会试日期前至京。另一部分参加会试者是往科举人，其人数远远多于新科举人，最迟于三月四日前到京投文。

各省乡试新中举人，于次年二月十五日在贡院覆试。其续到在二月十五日以后者，归于顺天补行覆试内一并覆试。如果超过补覆之期，即扣除不许本科会试。

顺天及各省乡试举人覆试，均除去本科不计，以下三科为限。除丁忧另行展算外，其呈报患病等项事故，一概不准展限。如果逾期未补覆试，永远不准会试，亦不准吏部截取铨选。

符合条件的杂项人员亦可参加会试。杂项人员系指教职、小京官、改任的知县、候补候选人员等，多为举人出身。允许以上人员考试，主要是为满足一些已经任职的举人想参加会试的愿望，特从宽准许一部分人应会试。

康熙七年(1668)，允许举人出任教职者参加会试。教职从事教学工作，应试不致荒废学业，而且有利于进一步提升。

举人大挑成为定制后，依例考列一等者授知县，二等者以教职铨补。其后，允许大挑二等候补选教职者俱准参加会试，大挑一等而自呈改为二等就教职以及到省后呈明改教职者亦准参加会试。

小京官参加会试始于康熙三年(1664)，当年准许举人考授内阁中书以及现任内阁中书者一体参加会试。至雍正七年(1729)，允许举人考试补用笔帖式者一体会试。

允许小京官参加会试后，由此登科者越来越多，特别是乾嘉以后得鼎甲者出身以内阁中书及各部小京官居多。这主要是因为小京官在京城结交较广，一般与担任殿试主考官者相熟识。殿试不誊录只糊卷，通过笔迹也易认出答卷者，因而容易得中得较好名次直至鼎甲。

自雍正十一年（1733）癸丑至光绪三十年（1904）甲辰科，四十六科三鼎甲共一百三十八人中，有五十六人为中书或其他小京官出身。

举人出身的候补候选人员，尚未得实缺者准许参加会试，分别由各省起文咨送。而由各衙门咨送参加会试者，概不准行。举人起送时，由督抚发给咨文。小京官应试由该管衙门咨送。举人任教职者，由各省督抚咨送。京官随任子弟由各衙门咨送。

举人会试由布政使司给予盘缠，具体数额各省不等。如安徽二十两，江西湖北十七两。最初由布政使司颁发，后于府州颁发。为避免有举子领银后没有赴京应试，清廷定有核销制度，对未能赴京参加会试者盘缠予以追缴。

（三）试期与场次

会试考三场。第一场如犯有重大错误，第二场即用蓝笔填写榜示，叙明犯规的缘由名为蓝榜。次一场即取消入场资格，不准入场。

康熙三年（1664）与康熙六年（1667）会试，因废八股改考二场。至康熙九年（1670）会试又恢复三场之制。

会试在京师贡院举行。光绪二十六年（1900）京师贡院被毁，光绪二十七年（1901）定补行会试借闱开封河南贡院。因而清末甲辰、癸卯科会试均借闱河南贡院举行。

(四)考官和场官的选任及职责

会试官员分为考官和场官,分别负责阅卷录取及考务管理工作。设置、职掌、内外帘分工等情况,与乡试相同。

会试级别高于乡试,且在京师举行,因而考官、场官的名目、名称、员额、选派方式,还有任职者的身份、品级等,与乡试不同。

会试主考官称总裁,分正副,一般一正三副。总裁出身初无定例,一般为内阁大学士等大员。总裁简派,由礼部开列合例人员衔名,简请皇帝钦点题用。

会试同考官,初无定额,均届期请旨而定。雍正元年(1723),会试用十八同考官即十八房成为定制,至清末相沿未改。

对同考官的资格有严格要求,会试同考官需要进士出身,合例人员为詹事府少詹事、翰林院侍读、侍讲学士以下,科道、郎中、员外郎、主事等官,成为定制。

乡会试考官均在贡院至公堂帘内办公,故称内帘官。与外帘官一并统称为帘官。

会试设有总管考场各项事务的董理重员,以及分办印卷、受卷、弥封、誊录、对读、搜检等具体事务的执事官员。

场官中除内监试、内收掌在内帘办事处,其余均在外帘执事,均属外帘官。

会试设知贡举一员。设提调正、副各一员。设内收掌官二员,外收掌官一员,受卷所官八员,弥封所官四员,誊录所官四员,对读所官四员。

会试设供给官一员,于顺天府大兴、宛平佐贰内派充。督牌官由礼部派委司官二员、笔帖式六员。其他设有外场巡绰官四员、督门官二员,另有对读生、誊录、号军、书吏、刻字匠等数额不等。

（五）按省分试

清初录取凭文取中。顺治八年(1651)，规定分南、北、中卷取中。康熙三十年(1691)辛未科会试，云南、贵州、广西未中一人，出现“脱科之省”。因而有举人建议要按省录取，免得有的省份一人也不能录取。

康熙五十一年(1712)决定，会试不必预定额数，亦不必编南、北字号，唯按省编号印于卷面，以便分别取中。满洲、蒙古、汉军卷面，也如各省例另编字号。根据进场举人实数，临期具奏，酌量省份大小与人数多寡，钦定中额。中额行文至主考官，就各省内择文佳者照数取中。

自康熙五十二年(1713)癸巳恩科会试开始，按省确定中额。至此，分省取士成为定制，一直沿用至废科举。

按省确定中额是清代对会试中额分配的一大改革，在保证公平取士择优录取的原则下，兼顾各省利益。就全国角度而言，按省确定中额充分体现对文化落后地区的扶植与政策倾斜，也更为公平。

虽然有官员曾建议按文取中而不必分省，但被驳不准。乾隆时期，监察御史云南人钱沣曾上奏建议取消分省，被乾隆帝驳斥。而且称钱沣是云南人尚无别故，如果是江浙人还要追究其责任。

对台湾士子予以优待。乾隆三年(1738)议准，台湾士子来京会试至十名以上，礼部奏闻钦定中额，以示鼓励。

（六）录取与放榜

会试录取与否要求综合三场试卷进行评定，不得专以头场文字定去取。考官必须衡鉴精详，以得真才。但因卷数众多，往往注重首场。

也有于填草榜时发现文艺有疵，需要更换中式者的情况。而这种情况下因为名次已定，不能因为废掉一本而重新评定名次。为解决这个问题，就需要在备卷中搜取一本以替代不符合规定的试卷。因为这种情况被会试取中的士子，也有在殿试中中状元者。乾隆二十八年(1763)癸未科状元秦大成即是如此。

所谓备卷是指，一般在定额之外多取几本备中的卷子，以防万一填榜时有不合规定的卷子时备用，因而称备卷。此外，备卷也有鼓励人才之意。有人将同考官荐卷比作“结胎”，主考官取中比作“弄璋”，中副榜比作“弄瓦”，如果仅留作备卷而不中则为“早产”。

官卷之设始于康熙四十二年(1703)癸未科，但是只行数科。康熙五十二年(1713)癸巳恩科即以分省取士停止官卷，官员子弟一律依省或旗凭文取中。

会试中式者称贡士。

最初规定，三月初一前放榜。经过演进，乾隆十年(1745)定会试于三月举行，于四月十五日前放榜。

会试填榜，礼部须行文兵部，兵部派人到贡院弹压巡查。填榜之后须用印。会试题名榜上年月及接缝处，用礼部堂印钤盖。会试放榜例于礼部署前张挂。三日后收存部库。

会试放时杏花正开，因而又称为杏榜。相较于举人称乙榜，会试又称甲榜。乙榜与甲榜合称两榜出身。

会试各科录取名额不等。雍正八年(1730)庚戌科，取中四百零六名。乾隆五十四年(1789)己酉科，取中九十六名。

历科会试钦定中额为二万六千五百三十二名。历科钦赐非贡士参加殿试者共有五十八名。

(七) 覆试

新中式贡士必须参加覆试，通过覆试者才能参加殿试。因覆试要求较严，有新贡士被罚停殿试一至三科不等。

覆试时考《四书》题一道，诗题一道。试题刺目礼部奏请皇帝钦命。考试时间为一天，当日交卷。覆试贡士每名给《官韵》一本，以防诗题脱韵。

试卷由阅卷大臣分拟等第，汇封进呈钦定。覆试卷阅卷大臣于卷面粘贴黄签拟定名次，仍于卷尾用墨卷填写名次，封固进呈。

覆试卷文义、字迹如果与会试原卷大相径庭，比对如出于两人，显然有冒名顶替以及传递、代倩等弊端的话，如讯明得实，则将不能查出的知贡举、监试、提调等官照例议处。内帘官凭文取士，无从查察，应毋庸议。如果原中卷文义也属荒谬，则将主考官与同考官一并议处。不过如果覆试卷字句偶尔失检，及缮写违式无关弊窦者，免其停科。

进士的出路自光绪二十九年(1903)癸卯科会试后开始发生变化。凡一甲之授职修撰编修，二、三甲之改庶吉士，以及用部属中书者，皆令入京师大学堂，分门肄业。

光绪三十年(1904)，京师大学堂进士馆开学，招收癸卯科进士八十余人和甲辰科进士三十余名。

光绪三十年(1904)甲辰恩科会试，借闱河南，废止八股文，取消誊录，考官直接评阅墨卷。

光绪三十一年(1905)，宣布停止科举。从光绪三十三年(1907)丙午科开始，所有乡会试一律停止，各省岁考试亦即停止。以前举贡生员，分别量予出路。

四、殿试

(一) 试期与地点

清初规定，会试二月举行，殿试三月举行。

乾隆年间将四月二十一日作为殿试日期，并为定制。不过因特殊原因也偶有改期。乾隆四十五年(1780)因乾隆帝出巡，殿试定于五月初十日。

殿试地点几经变化，乾隆时确定在保和殿内。

殿试资格清初较宽，会试中式的贡士均可赴殿试。需丁忧者不得参加。请假称告殿，下一、二科补殿试称补殿。

随着磨勘与覆试制度的推行，有新贡士被斥革不得参加殿试，或被罚停殿试一科至三科不等。被斥革者不得参加殿试，罚停科者不得参加本科殿试。

清初补殿者屡有得状元者，后规定补殿者不得进入前十名。

贡士应殿试严禁夹带。场内发现夹带者，立即予以斥革。

入场之后发策题，称为散题。殿试只考一天，当日完卷，禁止给烛。

贡士对策毕，于左庑阶下交卷，然后出场。

受卷、弥封等官俱在左庑檐下等候。受卷官接卷登记后交弥封官，弥封官弥封毕装入卷箱，交收掌官，收掌官送读卷各官共阅。

(二) 试题

殿试只问策问一道。殿试用时务策，旨在甄拔实学之才，也是在一定程度上校以八股文取士之弊。

清初策题的拟定，例由内阁于殿试前密拟，呈请皇帝钦定，间有由读卷大臣预拟，仍转由内阁进呈者。

乾隆二十六年(1761)拟题方式改由读卷大臣密拟，进呈钦定。此后遂成定制。

策题较长，有多至五六百字者，所问分列四项。策题最后为“朕将亲览焉”。策题的发问均与时政有关，其意在培养经世致用之才，以选拔有用之才。

科举选官的功能至清末仍有作用，与殿试策问有重大关系。策问重在实用，绝非死背八股文可致。也可认为殿试策问，是对考试八股文的有效补救。

策题钦定后依例在内阁连夜刊刻，以确保次日晨发给各贡士。

贡士对策所用试卷正本，例由礼部制备，前一页亲书履历、籍贯、三代，卷面及中间接缝处盖用礼部堂印。

清初试卷用白宣纸裱四层，试卷长度为一尺五寸三分，宽四寸三分。乾隆四十八年（1783），试卷长宽改为长一尺四寸，宽三寸七分。

另外有草本，由礼部办理给发，即将策内格式，开具首页，钤用印信，与正卷一同散给。如有用坊间草本者，以夹带论。

贡士对策，须在首页写明三代履历。格式为：应殿试举人臣某，年若干岁，系某省某府县（八旗注明旗分）人，由附生（或增生、廪生）应某某年乡试中式，由举人应某某年会试中式，今应殿试，谨将三代脚色开列于后。下开曾祖某、祖某、父某，其已殁、未殁及已仕、未仕，均注于名下。

对策起用“臣对臣闻”字样。不写题目，不许点句，禁止添注涂改。低二字写，空上二字留为抬写之用。有单抬、双抬、三抬之分，三抬出一格书写。要切定策题本意立论，不得用宽泛套语，通篇不得用四六颂联。

逐条回答策题之问时，用“伏读制策有曰”及“制策又以”等字。策末用“臣末学新进，罔识忌讳，干冒宸严，不胜战慄陨越之至，臣谨对”字样。“宸严”须抬写。

“末学新进”四字原为“草茅新进”，嘉庆八年（1803）改为“末学新进”。因参加殿试的有宗室人员，因而不宜称“草茅”。

贡士对策不限字数，但最短者以一千字为率。不及一千字者，以不入式论。不能完卷者，列于三甲末。

（三）读卷官与执事官

殿试无主考之名。因殿试为皇帝临轩策士，读卷官只是协助皇帝阅卷而已，因而称读卷官。

读卷官多选一、二品大员充任，又称读卷大臣。读卷官的主要职责是试前密拟策题，进呈恭候钦定。试毕负责阅卷，排列名次，并将前十名卷进呈，以候钦定名次。

最初读卷官无定员。乾隆二十五年（1760）定读卷官派用八员，成为定制。个别年份偶有改变。

读卷大臣都在皇宫文华殿阅卷，并在文华殿两廊并传心殿前后房间住宿。监察之王公大臣亦住一处，以便于监察。

乾隆二十五年（1760），设监试王大臣。总掌考试最重要者即监试王大臣，全面负责殿试之监察工作。监试王大臣与读卷大臣同住一处，以便稽察。

分办殿试具体事务者为执事各官。另设监试、受卷、弥封、收掌、印卷、填榜、供给、巡绰等员。

殿试不黜落，只为划分名次。按等次分别按圈、尖、点、直、叉，即“○”“△”“、”“｜”“×”。不同读卷官对同一试卷不能给出差别过大的名次，号称“圈不见直，尖不见叉”。即给圈的不能给直，给尖的不能给叉。圈最多者为优。

读卷官选拔优者十名进呈，恭候钦定，其余分别排次。

清代殿试颇重书法，尤其中后期重书法成积习难以纠正。馆阁体大行其道，号称“黑大光圆”者为优。

补殿者卷面盖一“补”字红戳。最早补殿有得状元者，如康熙年间书法名家戴有祺。后经乾隆四年(1739)奏准,因告病及磨勘罚科的补殿人员不得入前十卷,但丁忧服阕者不在此列。

(四) 钦定状元

顺治时钦定者只有鼎甲三人。

康熙二十四年(1685)进呈十本卷,钦定前十卷名次遂成定制。规定殿试进呈十卷不必预拆弥封,候皇帝阅定后再按名传齐带领引见。

传胪前一日,读卷官以前十卷进呈,预传贡士于午门前伺候,待钦定名次拆去弥封后,按名传宣,由读卷官带领十人引见,称小传胪。

列入前十名而传呼不到致误引见者即行参奏,而且要降置于三甲之末。因有此规定,小传胪之日无敢不到者。

道光十三年(1833)定,前十卷钦定后先拆封填写名次,其他名次着原派收掌官四员在内阁严密关防,并着监试御史各二员在内稽察不许预先宣泄,待前十名带领引见后再拆封填写金榜。此后成为定例。

连中解元、会元和状元者,称为连中三元,也称大三元。

清代连中三元者仅二人。一为乾隆四十六年(1781)辛丑科钱棨,一为嘉庆二十五年(1820)庚辰科陈继昌。钱棨也为小三元,即县试、府试、院试均为第一名。

清代状元年龄平均 31.9 岁。

(五) 传胪大典

传胪地点在太和殿。

榜出时一甲进士随榜亭出太和中门。除皇帝外,其他人员都不能步出太和中门。而给予一甲进士三人出太和中门的待遇，以示对三鼎甲的礼遇，以重世人投身科举之心。

状元率诸进士观榜。张榜三日后恭缴内阁。

一甲三名，赐进士及第。二甲若干名，赐进士出身。三甲若干名，赐同进士出身。

二、三甲人数不定，一般二甲人数少于三甲。道光二十四年(1844)甲辰科三甲人数少于二甲，是为特例。

状元授翰林院修撰，此为状元专职，亦称殿撰。

榜眼、探花分别授翰林院编修。

二甲第一名称传胪。

传胪以后，赐读卷官以下各官及新进士宴于礼部，早恩荣宴，又称琼林宴。一般于传胪后三日举行。

进士届周甲六十年，适逢其原中会试之科，获准于新科进士一起赴恩荣宴，称重宴恩荣，又称重宴琼林。

状元授予六品顶帽，及披领、腰带、手巾、荷包、小刀并靴袜等物，先期行工部制备，临期取用。状元及诸进士各具公服，领赏谢恩。

进士应给旗匾银三十两，一甲三名各外加五十两，均于户部支领给发。

恩荣宴后状元例须率诸进士上表谢恩。行都察院派遣监礼御史，行鸿胪寺派赞引官，并陈设表案。部派司官一员，按表送入内阁。

惯例，本科状元要向上科状元请教谢恩表的格式，并拜上科状元为老师。

上表谢恩后，择日状元率诸进士诣太学即国子监行释褐礼，易顶服。

每科进士照甲第名次建碑于太学，为进士题名碑。北京国子监仍存有明清进士题名碑。

(六) 朝考

朝考，即在殿试后由皇帝亲自命题对新科进士再次进行的考试，专为选拔翰林院庶吉士而设，入选者称馆选。

雍正五年(1727)，定殿试后集诸进士保和殿考试，令九卿例行保举。考试用论、诏、奏议、诗四题。

乾隆初在慎校文艺外，又令大臣察其仪止、年岁，并分为三等，钦加简选。乾隆三年(1738)，废大臣拣选之例，依省份甲第引见，临时甄别录用。

嘉庆以后每科选为庶吉士者的名额大大增加，各省都有入选之士。

朝考为先考而后选。每名新进士都有考试应选庶吉士的同等机会，从而慎重选拔、以杜请托。同时进一步提高庶吉士的地位，并加重馆选的分量。

保和殿朝考，翰林院奏定日期，知照到礼部。行光禄寺备考案，工部备黄案及黄案衣，鸿胪寺会同陈设，銮仪卫派校尉，领侍卫内大臣、护军统领派侍卫、护军，太监经管茶水等事。诸事均与殿试事宜同。

保和殿朝考，行内务府将太和殿所贮黄案送保和殿，以备安设题纸，事竣送回太和殿。又将保和殿内席毡卷起，开南槅扇，排设各贡士考案。

朝考试题，由翰林院开写前三科题目进呈，恭请钦命论、疏、诗题目各一道，于试日清晨颁发进士等。或诸题全构，或作一、二艺，听其各殿所能。诗题只准赋一律，不许违例多作。

试卷先令监试大臣逐卷画押，以防抽换。阅卷大臣秉公校阅，择优录取。除无违反缮卷条规外，应文、字俱优之卷。新进士朝考试卷，阅卷大臣拟定一、二、三等进呈。

选拔庶吉士由皇帝钦定，除会试、殿试与朝考等名次外，需要兼顾边远省份，原则上确保每省都有若干名入选。评定选用之法，结合会试后的覆试、殿试、朝考三次考试等第高下统计。考列最高一等四数（殿试二甲、覆试、朝考皆一等）必馆选外，其他根据人数及省份确定。

中选者入翰林院学习三年。凡选为庶吉士者，称为馆选，也称玉堂华选。

雍正十一年（1733）特设教习馆，颁内府经、史、诗、文。户部月给廪饩，工部供张什物，以使庶吉士专心学习。

进士一般倾向于馆选入翰林院，入庶常馆学习三年。如遇恩科不满三年即散馆。庶吉士经三年学习，考试后散馆。优者留翰林为编修、检讨，其中二甲出身者授编修，三甲出身授检讨。

一般人希望留翰林院任职，否则会被视为白受三年辛苦。未能留馆者，以主事或以知县用。以主事用者，掣签分发六部，在额外主事上行走。知县分省即用。

袁枚散馆后出任知县，未能留馆引为恨事。出京任职时写诗云："顷刻人天隔两尘，难从宦海问前因。"任知县数年后，辞职还乡。

庶吉士人无定额，多者九十余名，少者十余名。有清一代开 112 科，共选庶吉士 5 711 名，占整个清代进士总数的 21.3%。即有五分之一以上的新进士被选拔为庶吉士。

光绪三十年（1904），京师大学堂进士馆开学，入翰林院成为历史。

第三节　清代科举规定

一、八股文

清沿明制，继续使用八股文考试。虽然对八股文屡有争议，也曾短期停止使用八股文，但因没有更为合适的替代方式，清代继续沿用八股文。直至清末，才废除八股文。

八股文有严格的字数要求。八股文每篇总字数最初要求不得超过五百五十字，康熙二十年(1681)定每篇限六百五十字。乾隆四十三年(1778)，篇幅改作七百字，成为永制。

乡试与会试对于八股文字数以及相应格式，包括是否涂改等均有严格规定。如果有违反者，即行贴出。亦即失去参加下一场考试的资格，或者考满三场者纵然文字再优秀也不能被录取。

贴出的情形包括：乡试与会试卷八股文超过七百字，对策不满三百字，题目字句未经添改，遗漏全题，夹缝添注，重字省笔作两点，真草不全，誊真用行草书，添注、涂改以多报少或以少报多至十字以上，以及遗忘违式字数在一百以外，数目字不写壹、贰、叁、肆等，墨卷挖补，越幅曳白，油墨污染，字画难以辨识等。

八股文中各部分之间必须有固定的连接词，如今夫、尝思、苟其然等。每一部分的字数也有相应要求，不能太多，也不能太少。

做好八股文并不容易，要严格按照要求写作，并做到起承转合自然。好的八股文要达到立意明确，逻辑性强，文体讲究，行文规范，便于阅卷。或者说命意要高、立意要巧，而且遣词要准、造句要精。

答卷书写有明确格式。缮卷须按页、按行、按格书写。超越行格随意书写者称为越幅，有跳页书写者称为曳白，如有出现都以违式论。

士子誊真墨卷，向例不许在行文中加句读。乾隆五十二年(1787)定，举子于墨卷要自行句读，对读生将誊出朱卷详加校正，一一照式勾点。

答卷例有抬写要求。乾隆二十五年(1760)特颁行抬写款式。规定御纂、御批、御注、御定、御制各书俱系三抬字样。其他祖、宗、列圣、宗庙等三抬，圣天子、圣主等双抬，朝廷、国朝、国家等单抬。宫阙如系泛用不指本朝者不必抬写。国家等本系单抬，误写双抬可免贴出。

试卷内如有直书庙讳、御名以及至圣先师讳本字者，该生罚停三科。乡会试卷抬头，列圣、郊庙、皇上、圣主各字样，未经抬写或既经抬写复行涂点者，均以违式论贴出。如朝廷、国家等字应单抬，恩膏、德意等字应双抬，而此类或双单误写者免议，但是如果未能抬写者仍照例议处。

乡会试誊真须字体端正，不得用行草书，不得潦草省笔。

光绪二十七年(1901)规定，从第二年开始，嗣后乡会试头场试中国政治史事论五篇，二场试各国政治艺学策五道，三场试四书义二篇、五经义一篇。生童岁科两考等考试均停止八股文，改试策论。考试除考四书、五经义一场外，其他两场不准使用八股文体。

光绪二十八年(1902)癸卯科，补行庚子、辛丑恩正并科乡试。光绪二十九年(1903)甲辰三月，补行辛丑、壬寅恩正并科会试。当年八月恩科乡试。乡会试不再用八股文。第一场策论五道，为中国政治史论；第二场对策五道，主要考各国有关史论；第三场四书五经义三篇。

乡会试要求墨卷附草稿，但不再誊录为朱卷，仅将墨卷弥封后直接送内帘评阅。要求阅卷务当悉心评定，总以经术湛深、史学渊博、通达时务、切于时用为准。如果仍有剿袭荒谬之文滥行入选，一经磨勘签出定当从重议处，以为奉行不力者戒。

清末考试不再实施誊录，议者多有批评。称不誊录难免有考官通过识认字迹作弊，而且对于善书者无形中更有帮助。

乡会试在贡院进行。清代共十七座贡院，分别为：京师、江南、浙江、江西、福建、山东、山西、河南、湖南、湖北、广东、广西、四川、陕西、甘肃、云南、贵州。京师贡院由顺天府委员经理，直省贡院事隶布政使司。其中，顺天、江南、河南、广东为四大贡院。

贡院多数坐落于城东或东南方向，建筑群坐北朝南，分为外部与内部结构。东西南北四角各有一座瞭望楼，建大门牌坊和围墙。匾额书“贡院”二字，写有“明经取士”“为国求贤”的两牌坊立于东西两侧。

八国联军进北京时烧毁顺天贡院，因而癸卯、甲辰二科会试借闱河南，而且两场殿试推迟至五月二十一日。癸卯、甲辰二科进士需要入进士馆学习，然后授职。

二、考差

清初选派各省乡试主考，由礼部开列符合规定的有资格担任正副主考官的官员衔名，题请皇上裁定，并无考试要求。正副主考官要求务必遴选才能高、品德佳的官员，不得仅凭资历和声望。

雍正三年(1725)正月，雍正帝借奏请差遣湖南及山东学政之机，推行考差制度。规定所有出任乡试正副主考官的官员，无论是翰林院官员，还是部院属官，都须参加考试，通过考试者才有资格出任。当年三月初二首次考试，翰林及部院进士出身等员于太和殿，以备学政、主考等差遣。此为清代考差之始。

雍正帝在选派乡试正副主考官强调学问的同时，特别强调官员的人品。经过雍正与乾隆两朝的不断健全完善，最终确立考差制度。

乾隆元年(1736)举行恩科乡试，仿雍正朝之例通过考试选拔正副主考官。其后需要考差时临时颁旨考试。乾隆十二年(1747)，规定要将应行开列人员通行考试，而不愿参加考试者自便。乾隆三十五年(1770)，规定所有应行开列人员通行考试。具有考差资格的人员为进士出身的翰林、科道、部属等官员。

至乾隆四十七年(1782)，礼部奏准“凡乡试之年，考试试差”。至此考差成为定制。光绪时期规定，所有试官需要为翰詹科道以及进士出身的实缺部属，方准参加考试。

部院长官如派出任试差不必考试，属于“例不考差”之员。

考差地点均在宫中殿庭，故称为“廷试”。

雍正三年(1725)规定考差内容为《四书》文二篇，乾隆时增加排律诗一首。后形成定制，以《四书》题一道、《五经》题一道、诗题一道。

三、编号

入场士子考试有各种编号。

一为士子考场编号。考场编号为确定士子入闱后归入某号舍。编号用《千字文》编列。

二为士子试卷编号。试卷经弥封所弥封后书印红号，也用《千字文》编列。等誊录出朱卷后，所用字号与墨卷一致，以便查核。

三为考场中因区别士子之地域、户籍及身份而另编的字号。旨在按编号分别规定取中名额。

为防熟识之人联号作弊，戳印坐号时如承办等官假手胥吏，以致中式之人查出联号等弊，审实将知贡举、监临、提调、监试及所官等照便分别议处。

如各官员相互勾结共同作弊受贿，交刑部计赃治罪。所官失察者降一级留任，明知故纵者革职，受贿者交刑部计赃治罪。监临、提调、监试等官失于查察，如所官应革职者降二级调用，应降留者罚俸一年。

最早以《千字文》编号时，所有字均可用。雍正元年(1723)规定，字号将《千字文》内不佳字样，如荒、吊、伐、罪、毁、伤、悲、虚、祸、恶、竭、尽、终、贱、离、颠、亏、疲、逐、邙、惊、坟、弱、倾、困、灭、弊、刑、翦、杳、冥、黜、讥、极、殆、辱、耻、逼、索、寂、寥、散、累、遗、戚、凋、委、落、宰、饥、厌、故、祭、祀、颡、悚、惧、恐、惶、骸、垢、骇、诛、斩、贼、盗、捕、叛、亡、魂、孤、陋、寡、愚、诮等字，俱行舍去。四、五、八、九数目字样与号数重复亦应舍去。亚圣孟子“轲”亦应回避。

乾隆五十四年(1789)进一步规定，嗣后京师贡院及各省考棚，所有天、元、帝、皇等字样，俱不得概行编列。但京师停止用天、地、黄等字，而外省恐一律编写殊失敬谨之道，下令所有外省也要概行停止。

卷有官卷与民卷之分。在京满洲汉员文官京堂以上，以及翰詹科道武官副都统以上，在外文官藩臬以上武官副都统总兵以上，其子、孙、曾孙、同胞兄弟、同胞兄弟之子，都编为官卷。应编官卷的大臣、官员，如改籍他省，则他们原籍同胞兄弟及同胞兄弟之子，均不准编入官卷。

除官卷外，皆为民卷。民卷编号均书于卷面，确保各字号士子均有中式机会。有些编号对边方偏僻士子照顾，体现对落后地区的有意扶植与政策倾斜。

官卷之设始于康熙三十九年(1700),定官民分卷之法。大臣官员子弟各于其卷面字号下编书官字号。设立官卷规定中额,旨在防止官员子弟取中过多,以影响寒士进身之阶。

官卷必须按定额录取,不得挤占民卷。而且官卷不中解元与经魁。江南乡试,官卷最高中第十九名,因而称第十九名为官元。如此规定是有意将前十八名魁卷归于寒士。

四、命题

乡试与会试题目相同。

第一场,《四书》制义题三,五言八韵诗题一。五言八韵诗为乾隆二十二年(1757)新增,主要为防士子押题。《四书》题,首《论语》,次《中庸》,次《孟子》。如第一题用《大学》,则第二题用《论语》,第三题仍用《孟子》。

第二场,《五经》制义题各一。《五经》题,首《易经》,次《书经》,次《诗经》,次《春秋》,次《礼记》。有前后颠倒者,照出题错讹字句例议处。

第三场,策问五。

顺天乡试及会试,第一场《四书》题、诗题均由钦命。顺天乡试及会试,《五经》题、策问由考官拟出。各省乡试三场各题,正副考官公同拟出。

考官出题,必须选取《四书》《五经》内义旨精深及诗题典重者。各省乡试试题期于中正雅驯,不得引用僻书私集。策题以关切事理,明白正大为主,不许搜寻僻事,不得以本朝臣子学问人品策问学士子。每问不得过三百字,且不得自问自答。

考官命题要便于士子把握,同时体现公平取士原则。考官命题除须恪遵命题规制外,要保证刷印试题文字无误。

书写诗题，应正书“赋得某句”，旁注“得某字五言八韵”。试帖诗限用某字，闱中将本韵选用数十字，即刻于诗题之下。

三场题纸，主考、内监试需要用关防发出，并加用监临、知贡举、提调、监试关防。于初九、十二、十五等日分给各号，不得过卯、辰二时。违者罚俸六个月。

考官出题错字者，一次罚俸三个月，二次罚俸六个月，三次罚俸九个月。自行检举者，照检举例等议处。各省乡试题目到礼部，礼部逐加校勘，如有割裂、纤巧、牵连无理者，将考官参处。

乡会试制义每篇最多七百字，超过者不予录取。制义务期清真雅正，不许离题。如有剽窃异端邪说，征引僻书难字，及阑入子、史、文集，不合经书立言之旨者不得取录。特别强调，对策内不许援引本朝臣子人品、学问，违者不录。

五、试卷

乡会试墨卷长宽有严格要求。以官尺校定，以长一尺宽四寸为准。头场、二场，前空白七页起草，草稿起止处印用小红戳。后红格十四页誊真。三场，前空白八页起草，后红格十六页誊真。

试卷每页十二行，行二十五格。朱卷用宽幅，头场、二场墨格七页，三场墨格八页，每页二十四行，行二十五格。纸色必须一律。

墨卷卷面及接缝处，顺天乡试钤用顺天府尹印，各省乡试钤用各省藩司印，会试钤用礼部堂官印。朱卷均钤用弥封官员红色关防。墨卷尾刷用印卷官紫色戳记。

乡试与会试墨卷，卷面填写本生姓名、年岁、籍贯、三代。乡试写应某年某省乡试。

乡试与会试卷令提调官办置。卷价每本定为一钱二分。卷价钱除纸价工费之外，盈余卷价归办事官吏等人所有，为其饭食之费。如果有私行增价重戥多行需索之人，一经查出分别予以惩治。如果是官员即行参奏，如果是吏员即行严拿究处，分别治罪。

乡会试朱卷务用坚厚细纸。如有用薄纸任意草率者，查出题参。乡会试停止预备空白印卷，士子有污损错误者，不准换易。

六、阅卷

乡试与会试由该收卷官定期投卷，并将填写卷面式样揭示各士子，令其亲自填写年貌、三代、籍贯。乡试中式举人年貌、三代、籍贯另造清册，同亲供一并解礼部，以凭核对。乡会试士子业经选授教职者，卷面填写“某县教谕、训导”字样。现充教习之人，卷面亦应填写。

乡试试卷受卷完毕后，监临、监试、提调等官亲行掣签以府分为先后，编号发誊。由外收掌官按照原掣次序，每百卷为一束，详载号簿，开写“第一束”“第二束”字样，钤盖关防，次第送进内帘。二、三场进卷，即查照头场次序办理。

会试朱卷，收掌官均按省汇送内帘。

试卷在进内帘校阅之前，先经外帘四所加密处理。受卷所把收到的每份试卷按规定要求进行检查、登记，封号入箱，送弥封所。

弥封所将试卷写有应试者姓名、籍贯内容进行弥封糊名，并戳印红号，登记档案，会同誊录所官亲送。

誊录所得到弥封试卷后，监督誊录书手将墨卷誊录为朱卷，誊录之后，朱卷和墨卷一齐送交对读所。

对读所监督对读生将朱卷和墨卷内容逐一校对，有错误者改正。对读毕，把朱墨卷套在一起送至外收掌所，由收掌官核对朱墨卷的红号，核对无误后将朱墨卷分开。由外收掌官封存并保管三场试的墨卷，以备填榜时移交内帘核对。

试卷加密传递以确保公平阅卷，传递各环节能否严格按照章程操作，直接影响内帘阅卷质量的优劣。

外收掌官将朱卷送进内帘校阅，把誊录后的朱卷陆续装箱移送内帘，交内收掌收存。

内帘官只能在经过弥封、誊录处理后的朱卷上校阅。试卷经外帘各环节检查和传递后，分批次送入内帘，由内监试请主考、监临、知贡举等官在至公堂上，按照同考人数升堂分卷。同考官依据签号，按顺序入房封门阅卷。

乡试与会试阅卷时主考官与各同考官同坐一堂，内监试与主考对坐。试卷随进随分，不能隔夜，同考官必须当天把手里的试卷阅完。每天停阅时，把所有的朱卷查明、核对数量后依次放入卷箱中，由正副主考同监试官员亲自加封上锁，第二天再共同开启卷箱继续阅卷。违反阅卷规定的，将被指名题参、分别议处。

同考官阅卷，只就所分之卷校阅，不得干预别房互相抽看。饮食寝宿，各归房舍，不许往来私访聚谈，违者听主考及内监试题参。同考阅卷，只许句圈句点，不得满篇密圈密点。阅完试卷，主考同监试一起在卷面印上第几房字样，交内收掌挂号。

同考官荐卷，将应荐之故粘签加批。待取中后，仍于卷面注明，以昭核实。同考官阅卷随阅随呈，听主考官决定取中与否，同考官不得争执，违者指参。同考官呈荐荒谬之卷而不将佳卷悉行呈荐的，主考官会同内监试题参。

同考官荐卷，内监试验明内无私通小贴，再送主考官收阅。如同考官内有暗通关节，而正副主考官姑容取中，听内监试题参。若内监试失察，别经发觉，要将内监试一并议处。

各房落卷，同考官需要批出不荐缘由。放榜后，考生领取原卷阅看。如同考官妄抹佳文，而考生赴部具呈的，将同考官查明纠参。如果考生文本平常,但不安义命妄行呈控的,将其革黜并交刑部从重治罪。

顺天乡试及会试,正副主考将试卷公同批阅,不得分省校看,也毋庸回避本省。

阅卷要兼顾三场。不得顾首场而忽略后两场。阅卷时限不能过长或过短,过短则难以保证详细慎重,过长又恐其间容易滋生弊端。考官遍阅三场,先录其全瑜者。如首场虽佳,但后场草率者不得取中。如首场平通,但后场明确通达者,准其取中。如头场疵谬,虽二、三场可采,仍不准取中。由二、三场取中之卷,均令主考官将取中缘由批于卷上,听候磨勘。

为广收人才,主考官阅卷要确保将所有佳卷取中,不必拘定房分。各房佳卷多者,准其尽数呈荐。如无佳卷,也不得滥取充额。待取中后,将佳卷多者拨给佳卷少者之房。榜中名次只凭三场文艺校其高下,亦不得拘泥房首名分。

主考官搜出佳文后,交本房同考官详阅,有愿补荐条者听之。荐卷应驳者抹出不同缘由,注明注批语。如果同考官、主考官于取中卷漏未加批者,照例议处。

为防止作弊,士子须默写头二场诗文,主考于填榜前将中卷比对,如互异在十字以内者仍可取中。如果歧误过多优劣过大者,概不准取中。

乡会试中卷,副考官书“取”字,正考官书“中”字。

乡会试内帘,主考官用墨笔,同考官用蓝笔,内监试官用紫笔,内收掌官及书吏均用蓝笔。外帘、知贡举、监临官、监试官、提调官、受卷、弥封、誊录、对读、外收掌官,均用紫笔。誊录书手用朱笔,对读用赭黄笔。若对读官查朱卷内有与墨卷不符处,应行改正者,亦用赭黄笔。其对读所文移册档仍用紫笔。如有误用者,照例议处。

内外帘应用黑墨、蓝锭、紫锭、银朱、赭黄等物，令承办之员详加检点，要确保坚致鲜明，不得草率供用。为防作弊，内外帘同考官、知贡举、监临、监试、提调、四所等官，均不得携墨入闱。

乡会试同考官及内收掌官，均用蓝戳。内监试官、外收掌官、受卷、弥封、誊录、对读各官，均用紫戳。其有印用错误者，照疏忽例议处。

七、回避

(一) 士子回避

士子回避，系指入场官员之子弟、亲族等，以回避考官不得与试。

清初回避条例，限定正副考官及董理重员的子弟不得入场考试。此后入场官员应回避亲属的范围不断扩大，同族有服无服一概回避成为定制。此后，包括考官之姻亲郎舅亦在回避之列，不得入场。

需要回避的入场官员范围不断扩大。士子回避所涉及的官员，最初只是主考、同考、监临、知贡举等官员。后包括内场监试及提调、知贡举等官子弟，俱令一体回避。此外，外帘四所官之子弟、姻族亦在回避之列。

道光元年(1821)回避成为定制。入场官员的子弟及同族，分居外省外府，在五服以内者，及服制虽远但聚族一处之各本族，并外祖父、翁婿甥舅、妻之嫡兄弟等，概令回避。

最初规定，入场官员将应行回避之子弟、亲族自行开报，不得隐瞒。乾隆元年(1736)规定，如有应回避之人不自行开出者革职。

曾有对回避专门另行考试之法，类似唐宋别头试，即对应行回避的士子进行单独考试。但推行的时间不长，仅限于雍正元年(1723)至乾隆十七年(1752)，后虽有请恢复但因参加人数过少而未恢复。

雍正十三年(1735),新登基的乾隆帝依旧例对回避士子一体考试。乾隆十七年(1752)决定,乡会试回避士子均停止考试。

(二) 考官回避

考官回避,系指考官入场及阅卷应回避的事项。

考官回避属科场回避,官场回避条例中任官回避本省等规定,均施用于科场。

任职回避的主要原则是在选派考官、同考官时,既要注意回避本籍,又要避免父子、兄弟等同在一考场。

江南乡试之考官,依例应回避江苏、安徽两省籍。同场任考官人员,如有亲属关系,亦当回避。

(三) 其他规定

最初会试规定,北籍官员只阅南卷,南籍官员只阅北卷。后顺天乡试亦仿会试之例,南省人回避南皿卷,北人回避北皿卷,边省人概令回避中皿卷,满洲、汉军概令回避满字、合字卷。

有官员为使子弟、亲族得以入场应试,而托故不入闱。后规定,已选派入闱的官员不得以有子弟回避而托故不入场。即使是确有病而不能入场的官员,其应回避的子弟仍须回避不得应试。

大臣子弟已取中为新贡士,在应覆试、殿试、朝考时,其父兄依例回避,不再充阅卷官与读卷官,而士子无须回避。

八、搜检

考试搜检极为严格。士子入场衣服器具均经定有成式,违者在外截留。提调官先期出示晓谕,对违规者明白谕示。

士子如有怀挟，或头场夹带二、三场，二场夹带三场，均于贡院前枷号斥革。如果是二场携带头场《四书》文本，三场携带头二场《四书》《五经》文本，都要斥革，但免其枷杖，不准应试。

如果二场误带头场自作文稿，三场误带头二场自作文稿，及误用字纸包裹食物，或闲废字纸，实际上不是场中应用的文字，均免其黜革治罪，但仍逐出不准入场。

士子中式后，如再查出夹带文字等弊，亦要对有关人员予以处分。将不能查出的巡察、搜检官照例议处，士子斥革。如有受贿官员，交送刑部计赃治罪。

顺天乡试及会试，于天开文运坊外左右设棚，进行第一次搜检。牌坊内大门外左右进行第二次搜检。天开文运坊两旁原有砖墙，中列三路，将中路用木拦截，士子第一次搜检毕，即由左右路序入，候再搜检，不得东西混进，以昭严密。

顺天乡试及会试如外场第一次搜查不严，经第二次查出夹带，将第一次搜检王大臣议处。如第二次不行详搜，进场后被内监试官员查出，及内场不行详查被旁人首告，则将两次未能查出的搜检王大臣及内外监试等官员，交部分别议处。

九、关防

乡试与会试场前期十日，在京由钦派王大臣及外场巡察御史，各省责成巡察官，赴贡院大门外驻宿。包括先送入贡院的器具，以及运送的夫役包括执事书吏人等，都要逐名搜检。

提前正式考试六日，主考官、同考官、监试、提调、京闱副都统以及外省营员，并内外帘执事各官之跟役铺陈等项进院，都要逐一验明放入。如果查出夹带情弊，严拿究治。

入闱之后，内外帘官逐日供应，也需要一体查检送入。监试、提调等严行稽察，如果有传递、换卷、夹带文字等弊，事发除作弊者从重治罪外，并将不行查出之提调、监试、巡察等官降二级调用。

外场巡察官驻扎外场，待主考等官起身时将各官行李查验放出。带领地方官员进内，将备用官物并供给所内存剩物件逐一公同细加查验。其中有无毁坏及存留多寡之处令经办各官收管，行文各处交明贮存，以备下一科之用。

但实际上有关物品均一科一置，不会留待下科。更有陋习，乡试主考官将有关门帘等物悉行带回，归为己有。康熙朝汤斌任浙江正主考官，乡试结束后闱内物品一概不取，被视为异事。

主考官可各带仆从三人，同考官可各带二人。入场时，御史照数搜检放入。内外巡视监试御史、外帘各官，可各带仆从二人。派往贡院搜检的王公随带官员不得过三员，从人不得过四名。其他如钤榜礼部堂官与顺天府尹等官员所带仆从人数，照搜检大臣之例。

封门之后，内外帘各官一概不得出入。如果监临提调等大员有不得已之事而必须出入，则在内家人不得跟出，在外家人不得随入。违者照违制例议处。

顺天乡试及会试，外场监试御史于头二、三场，每夜在外围墙更番巡查。如果派出员弁兵役不认真查缉，监试御史即严参办理。如监试御史未经查出，致有漏泄题目、传递文字等弊端，则将该御史一并交部议处。

顺天乡试及会试责成步军统领会同五城与顺天府，直省责成监临，委派妥实弁役，密访窝留枪手之家，查拿治罪。如果考试监近之时，举场附近居民如果有遥点灯竿、燃放爆竹及举放鸽鹞、抛掷砖瓦等事，即行拿究。考试前预先出示严禁违法情事，以杜内外勾通传递文字情弊。

十、磨勘

磨勘是防止主考官与同考官不认真批阅试卷以及作弊的重要环节。

磨勘试卷官规定乡试六十员，会试四十员。礼部将科甲出身的京堂、科道、詹事、读讲学士以下至编检等官，乡试除本科各省考官、顺天同考官，会试除本科同考官外，其余一体开列，于揭晓前请旨派出，行知各该员自备桌椅、笔砚，赴天安门外朝房磨勘。内有子弟中式者，由该衙门知照回避。

顺天乡试及会试于揭晓次日磨勘。其磨勘各省乡试卷，交礼部分次汇齐。磨勘官于本省试卷应行回避。会试及顺天乡试之南、北、中皿卷，都要回避本省。

乡会试磨勘，礼部奏派满监察御史二员、汉监察御史二员，轮流上班，于分卷处专司稽核。确保磨勘官员各挨次顺摊，每人一卷，周而复始，不得连名分给一人。如磨勘官有指名索瞰某卷，及自行择取情弊，即据实查参。

乡会试试卷经京堂、翰詹、科道磨勘后，再交大臣覆勘。由礼部将内阁六部、都察院、通政使司、大理寺堂官，除本科考官外其余一体开列，于揭晓前请旨派出覆勘。其有子弟中式者，自行声明回避。

如果出题有讹错字句，并前后题目刊刻颠倒者，出现一次则主考官罚俸三个月，二次罚俸六个月，三次罚俸九个月。自行检举者，照检举例减等议处。考官出熟习拟题，及割裂小巧牵连无理，或诗题引用僻书私集者，俱照出题错字例议处。

如果题纸遗漏、违式，及策题内抬头不合，乃致士子照依误写者，主考官均照疏忽例罚俸三个月。

朱卷面主考官与同考官均应实书批语。如仅贴浮签，或将批语遗漏，及遗批取、中、荐字者，俱各罚俸六个月。其取、中、荐字用刻印者，照违令例务罚俸九个月。

主考官用墨笔，同考官用篮笔。有误用者，主考、同考、内监试官均罚俸一年。如果通省试卷蓝笔与墨笔误用，则各罚俸三年。

中式试卷如有字句可疑，以及文理悖谬、文体不正、不遵小注章旨者，考生黜革。不谙禁例以致失格违式的考生，罚停三科。援引错谬，罚停二科。字句疵谬，罚停一科。

试卷剿袭雷同者，罚停二科，主考官与同考官各罚俸九个月。如果试卷雷同者同在一房，同考官降一级留任。如果有全篇抄录旧文幸中者，则黜革。

试卷内直书庙讳、御名以及先师孔子讳的士子，罚停三科。试卷内如遇列圣、郊坛、宗庙、皇上、圣主各字样，如有未经抬写，或抬写不合，或脱误一字，或既经抬写复行涂点者，均照违式例罚停三科。误抬者受卷官应贴不贴，罚俸一年。朱卷内考官如未指出，每名同考官降一级调用，主考官罚俸一年。若有不应抬而抬者，士子及考官、受卷官处分，按照应抬不抬例办理。

《四书》文每篇不得过七百字，违者贴出。如未经贴出因而幸中者，罚停三科。受卷官应贴不贴，罚俸三年。

试卷内誊真用行草书，或书写卦画及篆体，或重字书作两点者，均罚停一科。受卷官应贴不贴，罚俸一年。

诗句轻佻，押韵不稳，或联语不对，或杂凑不成句，或平仄失粘，均罚停一科。

策内不得泛论本朝臣子人品、学问，违者照不谙禁例罚停三科。如仅引用人名，但并未妄加褒贬者，照文内引用后世事例，罚停二科。如仅引用书名，并未指出何人所著者，罚停一科。

举子黜革一名，则同考官革职，主考官降二级调用。黜革二名，则同考官革职提问，主考官降三级调用。黜革三名以上者，主考官革职。

举子罚停三科者，每名同考官降一级调用，主考官罚俸一年。罚停二科者，每名同考官降一级留任，主考官罚俸九个月。罚停一科者，每名同考官罚俸一年，主考官罚俸六个月。

磨勘斥革进士与举人者，将生监及原有官职全行斥革。应停科者，举人罚停会试，贡士罚停殿试。

同考官及内收掌官均用蓝戳。内监式、外收掌、受卷、弥封、誊录、对读各官均用紫戳。有印用错误者，均照疏忽例议处。

磨勘官应行议叙者，准其记录一次。其奉特旨议叙者，准其加一级。

大臣覆勘完毕后奏交礼部，由礼部将应议之处分别核定，奏结后行知各士子原籍省份。现任官员中式应议者，同时知会吏部。其官员处分及磨勘官应行议叙、议处之处，咨送吏部办理。

磨勘制度不仅复查考生试卷，更重要的是对考务工作的严格检查，使考场官员严格遵守科场条例公正取士，此为防止科场舞弊的有力监督机制。

有的磨勘者因过于严格，被称为“魔王”，因磨、魔同音。有磨勘官员因被讥不安于位而辞职。磨勘也有负面作用，即促使考官取中平稳而不易出问题的试卷。

十一、禁令

清代规定，乡试与会试年不准条奏科场事务。如有科场事务条奏，会试不得过上一年的冬月。如有违例临期陈奏者，承办衙门于议覆折内，无论准驳，一并将该员奏明，交部议处。

乡会试前一月之内，科道等除特参大员伸冤理枉迫不及待准其入奏外，其寻常事件一概不准届期具奏。

士子考试须确查籍贯，取具印某各结，确保无误者方准送考。如果有假冒籍贯者，该生及廪保一并黜革。因冒籍而中式者，革去举人，照例治罪。同时将送考、收考官、出结官、学臣、地方官、教官一并议处。

官员在现任地方令子弟等冒籍者，本生斥革，该员革职。

十二、安抚

清代对落第者有安抚政策。一为针对本科落第者，包括发领落卷，赏发盘费银，教职回任，明通榜、中正榜、挑誊录等诸项。二为针对长期未中式者，包括年老者赏给职衔、告给衣顶、举人大挑等诸项。

有关政策主要为安抚落第者，重点是使落第者不生怨心。有关的安置措施也意在使落第者多获进身之阶，并鼓励更多地士子投身科举，以及鼓励落第士子再次及多次参加科举。

发领落卷，即朝廷将落卷发还给落第者，由其领回阅看。发领落卷旨在体现出政府在关爱落第士子、调整社会心理及保持社会稳定上所作的努力。发领落卷也对阅卷程序及考官阅卷态度等各个方面，起到监督匡正与健全完善作用。

康熙十八年(1679)，发领落卷成为定制。同考官将落卷俱批出不中缘由，开榜之后十日内，令本生领取原卷阅看，不许藏匿勒措。该项政策经实践发挥了良好的效果，也是监督考官的重要途径之一。但规定不许刊刻落卷，如有刊刻落卷者予以处罚。

告给衣顶主要是针对屡试不第且身患疾病的生员制定的一种抚慰性政策。凡身患笃疾或入学已历三十年或年届七旬的生员，朝廷准许其终身穿着标志其功名等级的衣服和顶戴，不必再参加学政主持的岁试和科试，但亦不准再应乡试。同时对其予以严格的管理和约束，如果不知珍惜反借此生出是非，则要受到严厉的惩处。

另有赏会试下第举人盘费银，使其科场失意后不至于流落街头，从而得以顺利返回故乡。

举人大挑始于乾隆十七年(1752)，并推行至清末。乾隆十七年(1752)以圣母皇太后六旬万寿特开恩科，并命拣选下第举人，后称“大挑”。乾隆三十年(1765)规定，只准三科以上未中参加挑选，加大挑选名额。

第三章 清代科举监察规定

清中后期监察御史与给事中职能呈现逐步混同趋势，但在清前期其职能区别仍较为分明，因而在具体规定中有的科道并称，有的仅称监试御史，但在礼部有关事宜中仅礼科给事中发挥相应作用。本章首先考察礼科给事中在科举监察中的职能，其次再考察监试御史在科举中的监察作用，最后考察监察官员有关科举事宜的条奏。

第一节 礼科给事中

一、礼科学册

清代极为重视教育。每省学政由中央政府派出。学政职责重要，为确保学政发挥应有的作用，对学政的职责作出了明确规定。

为加强对学政的管理，顺治八年(1651)规定，学政以到任日为始，岁科考都要在一年内考完。每年三月将考过生员与童生的名字与数量，报礼科给事中察核。如果有违限混冒等弊端，由礼科给事中予以题参。

对于生员因事被黜革以及有审明开复的事项，康熙十二年(1673)规定，各省学政要逐案造册，报礼科给事中审核。

康熙十三年(1674)议准,岁科学册限一年内两次,报礼科给事中审核。康熙二十五年(1686)题准,岁考结束要造册送礼科给事中审核,科考结束也要报礼科给事中。总计三年任内解册二次,违限不解者题参。

康熙四十五年(1706)议准,岁科学册如有错误驳回改正,倘有名数不符及顶补等弊,咨行该督抚查明题参。

至雍正时期对学政岁考解册进一步作出明确规定。雍正元年(1723)覆准,学政岁考解册限每半年一次报礼科给事中审核,科考解册仍限一年。雍正二年(1724)又规定,岁科两考通计三年内两次造册报科,岁考解册仍限半年,科考解册则不必定限。

雍正十三年(1735)规定,为防止作弊,学政岁科造报各册并学政新旧交代底册内,凡旧管、新收、开除、实在四柱总册,以及开复补廪及生员等第缘事黜革等项,以及所注廪增附青社紧要字样,遇有挖补添注之处,要求务必钤盖印信,并且需要将用印总数于册尾开注。如有遗漏印信之处以致胥吏增减作弊者,如经查出,除将书吏重究外,而且要将该学政交部议处。

对于有些生员不能按期参加考试,乾隆四年(1739)规定,对欠考生员学政必须要求他们挨次补考,而且于汇报岁科学册内分别注明,以凭察核。如果生员不能及时补考而且存在补考次数不足等事,即将学政移咨吏部照徇情蒙混例议处。

对于因事斥革后病故的生员,乾隆十一年(1746)规定,学政仍要把斥革年月以及曾否审结之处,与开复除名各生,一并摘叙案由上报礼部,而不得仅混列于病故项下。

为充分查明生员信息,乾隆三十三年(1768)规定,各学政造送学册一定要将各府学生员名下详细查明填注籍贯,不得出错,以备察核。

二、童生试卷磨勘

学政到任后，每年举行考试是重要任务。对于考试要求以及试卷是否磨勘如何磨勘等，作出了明确规定。

乡试试卷磨勘，由礼科给事中负责。顺治初规定，凡直省乡试原朱墨卷均依限解礼部，会同礼科给事中磨勘。

顺治八年（1651）规定，学政到任后将到任日期报礼科给事中，以到任日计算一年内，岁考要一年内考完。每年三月将考卷解礼部，由礼部磨勘。科考考卷也要解礼部磨勘。

因将所有考卷都要解礼部磨勘过于复杂，因而顺治九年（1652）规定，将岁科试卷列优等者，以大学五名、小学三名，解礼科给事中磨勘。如卷中有诡僻幽险、割裂补缀等处，礼科给事中题参议处。

顺治十二年（1655），户科给事中宋牧民上奏，建议考官对试卷务须精心审阅、遍加批点，文不中式也要指出不中缘故。

康熙十三年（1674）规定，生童试卷停送礼科给事中磨勘。但至乾隆元年（1736）又重新规定，凡岁科考前列十名试卷解礼部，会同礼科给事中磨勘。并规定，前列十名试卷除大学遵照解送礼部礼科给事中磨勘外，其他中学小学应令学政将不满十名之数声明尽数解送磨勘。

针对新考中童生的试卷，乾隆二十五年（1760）规定，如果童生新进之卷不送磨勘则童生不知警惕，而且童生入学为进身之始，较之生员等第关系更大，所以应将各省岁科取进文童试卷于造册送礼部时通行将试卷解送礼部，磨勘后移送礼科给事中覆勘。如果试卷中有命题怪僻及文理疵谬者，礼科给事中照例指参。

但因所有试卷都要磨勘工作量过大，很快取消以上规定。乾隆二十五年(1760)下谕称，鉴于童生文字尚属稚嫩不可能皆有醇无疵，而且合计通省不下数千卷，原非乡会试墨卷数量较少。学政就地录才不得不节取充额，绳以文律，原难责其完善。规定嗣后岁科两考童生试卷仍照旧例，停止送礼部磨勘。

为进一步完善磨勘规定，嘉庆八年(1803)规定将不同省份划片集中磨勘。具体是学政解送岁科考试卷到部后，以奉天、顺天、山东、山西、河南、陕甘六省作一次磨勘，江苏、安徽、浙江、江西、福建、湖北六省作一次磨勘，云南、贵州、四川、广东、广西、湖南六省作一次磨勘。

为强化回避，嘉庆八年(1803)针对不同官员出身的学政对磨勘官员作出了不同规定。学政系现任翰林以及京堂部曹由翰林出身者，交都察院派科甲出身之科道磨勘。学政系现任科道及京堂之曾任科道与学政系六部司员出身的，全部交翰林院派员磨勘。如果学政为由翰林改用科道的，翰林院与都察院都要回避，由礼部派员办理。而且所派磨勘官员，都要回避本省。待磨勘完竣后，礼部、都察院、翰林院各自具奏。

为确保磨勘认真实施，嘉庆八年(1803)又规定，岁科考试试卷磨勘一次，参照科场之例请钦派大臣数员，将有问题签出之卷覆定准驳，遇有评阅不公的考卷即将有关人员参处。

嘉庆九年(1804)规定，因向来乡会试磨勘没有回避同衙门之例，而规定岁科考试磨勘需要回避，与乡会试磨勘规定不同。应仍照旧例归礼部礼科给事中会同磨勘。但各省试卷路有远近不能同时到部，因上一年分送各衙门磨勘是以分作三次办理，而今既改归礼部礼科给事中磨勘，如果仍分作三次则每次试卷过多至四五千本，因本数过多肯定难以逐一细核，因而应多派磨勘官员于试卷陆续到礼部时，随即知会礼科给事中在礼部衙门照科场磨勘之例均摊分看，但仍要回避本省，不必分次办理。待各省试卷通行磨勘完毕后，仍照上一年规定请钦派大臣覆勘，以昭慎重。

为进一步提高磨勘效率，嘉庆十一年(1806)规定，因岁科考试前列试卷卷数较多解送礼部磨勘需要时日，嗣后岁科考卷分作两次磨勘。岁考磨勘完毕即请钦派大臣覆勘。同时科考各考卷交岁考覆勘大臣办理。

三、乡会试磨勘

相较于童试磨勘，乡试与会试磨勘更为重要。自清初就对如何加强乡试与会试磨勘作出了相关规定，此后又逐步予以完善。

顺治元年(1644)规定，所有顺天及各省乡试朱墨卷均依限解礼部，会同礼科给事中磨勘。

为加强磨勘力量，康熙四十年(1701)规定，顺天及各省乡试解卷到礼部后，礼部奏请钦点九卿翰詹科道等官员，会同磨勘。参与磨勘官员，如有接受馈送及需索等事，被发现后按律从重治罪。

为提升磨勘权威，至乾隆元年(1736)对磨勘官员的品级作出明确规定。只有都察院科道、五品以上科甲出身的京堂，以及中允、赞善以上翰詹官员，才有资格参加磨勘。

为加强回避，乾隆十五年(1750)规定，嗣后磨勘顺天及各省乡试朱墨卷，凡各省正副主考官、顺天同考官以及有亲子弟中式者，俱令一体回避，不得入班磨勘。

乾隆帝极为重视乡试磨勘，在乾隆元年(1736)加强磨勘规定的基础上，乾隆二十一年(1756)又特地下谕，称向例各省乡试朱墨卷解送到礼部，即派翰詹坊局以上及京堂科道等分同磨勘，以示对试卷磨勘慎重。科场弊窦诚为重典，作弊防不胜防，因而能否尽力磨勘极为关键。而磨勘诸臣按数按省分派，如果不在卷面注明某官某人磨勘字样以专责成，则已经夹签指出问题者还知为某官指出。而那些没有指出问题的官员极可能是只不过虚应故事，而且阳博宽厚之名，实际上阴省校阅之烦。所以尽心磨勘者反不无观望，大失磨勘本意。下令从下科为始，磨勘诸卷都要在卷面填写衔名，待礼部汇总后，另外派人抽取部分试卷，再交大臣详加磨勘上奏。皇帝在大臣上奏的试卷中再行抽阅，如有发现草率从事者，即交部照例分别议处。乾隆帝称，如此操作则磨勘各官员以及特派大臣是否详慎，则难逃其洞鉴。并著为例。

针对会试例不磨勘情况，乾隆二十一年(1756)下谕，规定从乾隆二十五年(1760)庚辰科后会试一体派员磨勘。

为进一步规定磨勘程序，因乡会试朱墨卷令编修检讨一体入班磨勘，但人数众多难以稽察。维护乾隆二十五年(1760)规定，以后有资格参加磨勘官员，礼部将职名缮本夹单恭请，钦点四十员分派校勘，以专责成。

为防止有的官员逃避差事，乾隆二十五年(1760)规定，乡会试磨勘礼部按京堂翰詹科道员数酌量均派，如有托故推诿之人，礼部即行核实后参奏交吏部，照推诿事件例议处，并仍令这些官员参加磨勘完毕。如果有官员出差丁忧等项事故，但在应勘各卷未能完成过半者，虽然磨勘完毕的试卷并无遗漏之处但仍不准议叙。

为进一步加强对乡会试卷磨勘，乾隆四十二年(1777)规定，磨勘乡会试卷每日派满汉监察御史各一员，轮流入值监察。分卷时会同礼部司员，照例按磨勘官员挨次分给，每人一卷周而复始，不得连名分给一人。如有情弊，监察御史即行据实查参。

第二节 监 试 御 史

监试御史[①]在维护科场秩序方面发挥着更为重要的作用。从顺治初恢复科举考试以来,清廷对于监察御史在科场监察中的职责,作出了翔实的规定。

一、顺天乡试与会试监察

稽察考试为监试御史的重要职能之一。由于顺天乡试会试与殿试关系重大,必须派监察御史予以稽察。外地乡试因不方便派出监察御史监察,所以仅在京城举行的顺天乡试才派遣监试御史予以监察。清末癸卯、甲辰二科因北京贡院被八国联军烧毁而借闱河南贡院考试,因而派遣监察御史会同监察。

(一) 顺治年间规定

清初举行顺天乡试与会试时并未派遣监试御史进行监察。至顺治八年(1651)才规定,顺天乡试及会试差满汉御史各二人,进行监试。至顺治十四年(1657)因取消满洲蒙古汉军参加乡试与会试,所以监试也停止派遣满洲御史。

监试御史并不仅仅是监察考生是否有作弊行为,对正副主考官与同考官也有监察监督之权。顺治十七年(1660)明文规定,主考官与同考官如通同作弊,监试御史也要予以纠参。

---

① 每逢科举派监察官员维护秩序予以监察。六科给事中与十五道监察御史统行派遣,在科举监察中给事中与监察御史职责并无区别,但最初仅派遣监察御史,后也派遣给事中,而且派遣的监察御史数量多于给事中。因而清廷有关文件中前期称监察科举的监察官员为监试御史较多,后称科道较多。本文一般称监试御史,当文件原文称科道时即称科道。

相对顺天乡试，会试更为重要，派遣监试御史的数量也有所区别。顺治十八年(1661)规定，顺天乡试派遣汉监察御史二人入场总理诸务。会试则派遣汉监察御史四人，其中二人为内场监试，二人为外场监试，以充分发挥监察御史的监察作用。

殿试是会试后的重要考试。为严肃场纪，顺治十八年(1661)规定，因参加殿试者满汉贡士皆有，所以殿试派遣满汉监察御史各二人予以监试。

除了顺天乡试会试与殿试外，其他考试也安排监试御史予以监察。顺治十六年(1659)规定，拔贡生朝考派监察御史二人，分东西班监试。笔帖式、誊录生、贡监生等考试，均派满汉御史各一人监察。

总体而言，顺治期间对顺天乡试会试与殿试期间派遣监察御史的数量以及满汉均派还是只有汉人，均作出了初步规定，以充分发挥监察御史监察考试的作用。但由于处于开国初期，派遣监察御史监察考试仍处于探索状态，此后各朝逐步予以健全完善。

(二) 康熙年间规定

顺治年间对派遣监试御史并无回避规定，针对此问题，康熙年间予以明确要求实施回避制度，而且要求钦点。康熙三年(1664)规定，监试巡察御史除应回避之人不开名外，其他各员监察御史名姓都由都察院开送礼部，由礼部上奏皇帝，待皇帝钦点监察御史人员，以防都察院自行派出而生弊窦。

此前因满洲蒙古汉军不参加乡试会试，后又允许参加乡试会试，而只用汉监察御史监试显然不妥。因而康熙十年(1671)下谕称，因当前顺天乡试满洲蒙古汉军生员监生人数渐多，仅靠汉监察御史不足敷用，一应查点出入关防内外不可无满洲监察御史。因而规定，嗣后乡会试仍兼差满洲监察御史。

康熙十二年(1673)，都察院上奏，因监试御史上奏本章须要兼书满汉文字，因而建议带笔帖式入场。奉旨同意，此后监试御史准带笔帖式入场。但此后因笔帖式并无事由，而取消带笔帖式入场规定。

顺天乡试与会试内帘监察御史仅二员，而内帘监察任务甚重，因而康熙十八年(1679)进一步规定，顺天乡试与会试内帘再行添设满汉御史各一员。

对内帘监试御史职责作出明确规定。

第一，专职监察。内帘监试御史在聚奎堂向上设座，带笔帖式一员，在会经堂左右歇宿，不参与文事，专行纠察弊窦。

第二，监督拟题。拟题时监试御史监督并实施拈掣之责。即同考官在场内拟题四书，其中掣定几章，每题每人各拟一道，都送正副考官写签放入筒中，由监试御史当场拈掣后确定题目。

第三，监督考官。正副主考官与同考官入闱各归本房，相互之间不许私访聚谈，如有私访聚谈则由监察御史题参。阅卷时，同考官将本房的各荐卷置放当中案上，由监试御史验看后，如果其中没有私通小帖，则送正副主考官收阅。如果有私通小帖等情弊之事，则监试御史予以纠参。

第四，监督阅卷。正副主考官与同考官分阅试卷之时，监试御史同坐一堂。当每日天晚停阅之时，将所阅朱卷查取数目放入箱中，由正副主考官与监试御史共加封锁。次日则由正副主考官与监试御史公同开阅，不许私带入房。如有违者，则由监试御史纠参。同考官如有暗通正副主考官徇私取中之卷，监试御史即刻题参。如果同考官不将佳卷尽数呈荐，并将荒谬之卷妄荐，正副主考官会同监试御史查明题参。

第五，搜检人员。进场之时，正副主考官各带三人，同考官各带二人。监试御史照定数搜检放入。如果正副主考官与同考官暗带其他人假装仆从跟入内帘者，一经监试御史查出，将本官交与吏部从重议处，其跟进之人交与刑部从重治罪。如果头场二场三场存在埋藏偷换等情弊，由监试御史严行根究，题参重处。

第六，其他职责。早期顺天乡试内帘未设监试御史时，封门分卷等项俱系正副主考官管理。内帘设监试御史后，封门发题进卷分卷关防一应诸事，都由监试御史管理。会试内帘全部依照乡试各款遵行。

虽然内帘监试御史责任重大，但康熙三十六年(1697)停止派用内帘监试御史。至康熙三十九年(1700)，又重设内帘监试御史满汉各一人。

虽然一再强调加强科举监察，但科举仍存在多种问题。因而康熙四十四年(1705)下谕，称当年顺天乡试风评不佳，人多怨其不公。而且又有试卷不加圈点评注者较多，落第者各执落卷示人，也有做草人拿到试官家门前以刀相砍。通过类似情形，阅卷不公可以想见。康熙帝称在避暑山庄钦点正副主考官，自不至被人所知。由此可见，问题并不在于谁担任正副主考官，而关键在于正副主考官如何行事。如果行之不正，则学问优长也并无益。遂下令将正副主考官解任，并责备九卿詹事科道倚为耳目专在言职，为何听闻考官有考试不公而不参劾。并要求九卿科道回答为何不予参劾。据九卿科道等回复，虽风闻正副主考官阅卷不公人皆怨望，但又苦无实据，所以未曾纠参。

监察御史并不仅仅是在稽察考试中发挥作用，而且在健全完善科场考试规定中也有重要作用。康熙五十三年(1714)，礼部议覆监试御史倪满等条奏科场四款。第一，顺天乡试举子入闱，俱穿拆缝衣服、单层鞋袜，只携篮筐小凳食物笔砚，其余物件不许携入，以防夹带文字。第二，举子入闱后为防止其任意接谈往来行走，嗣后添设官员一人以负稽察之责。第三，严格乡试、会试举子交卷时间，以防混乱。第四，令顺天府酌量扩大贡院面积，并用砖砌以确保牢固。

（三）雍正年间规定

雍正元年(1723)雍正帝登极后特开恩科，这也是首开登极恩科。此后诸帝登极无不开恩科。虽然雍正帝开恩科有收买人心之意，但也有借派遣乡试主考官至地方收集舆情之意。

雍正帝下令，顺天乡试第一场四书题钦定，会试题第一场四书题钦定。其他二、三场试题由考官拟出恭进，由皇帝认可后发出。恭进的试题，顺天乡试由顺天府尹捧进。拟会试试题时，礼部堂官在朝房等候，礼部仪制司司官于场前等候。监试御史待内帘传出进呈题纸后，同提调官赍捧出至大门内立，与仪制司司官当面交接题纸后，即将场门封闭。

为确保公平防止作弊，乡试与会试考生试卷均誊录为朱卷，而誊录是否认真则成为影响能否公平取士的关键所在。针对此问题，雍正二年(1724)雍正帝下谕称，针对闱中誊录弊端甚多，甚至有贿嘱者则誊录精工，否则潦草舛错致误佳文等事，要求知贡举与监试御史严行申饬，誊录不工者必重加责惩，并令其重录。同时要求对读官严饬各生悉心校对，不得出现错误。如果外帘官失察导致誊录错误，日后发觉将该官一并议处。

为进一步重点加强对外帘官员的监督，雍正六年(1728)规定，顺天乡试与会试如果外帘官私阅试卷，允许监试御史题参。如隐匿疏漏，但监试御史未能题参，如果经别的渠道发觉，则将监试御史一并议处。

一般乡试与会试结束后的筵宴，秩序较为杂乱，而且允许吏役等人抢夺食物。针对乡会试筵宴此等陋习，雍正七年(1729)规定，如有吏役从人玩法拥挤者，即行拿究。如维持秩序官员置之不理，则监试御史将该管官指名题参。

对于在至公堂职掌监试之责的监试御史所带的二员笔帖式并无委派之事，雍正十一年(1733)规定，至公堂监试御史不准随带笔帖式。笔帖式原来住的房屋一所，令至公堂书吏入内办事，以例与誊录人等一例封锁关防。

(四)乾隆年间规定

自清初开始乡试与会试就存在作弊之嫌，而夹带文字入闱为最为平常的作弊手段。针对此问题，乾隆四年(1739)下谕，称科场试士之时夹带文字入闱为士子最不堪劣习，如果不严行查禁则荒疏不学之人可能多因侥幸考中，而有真才实学者转致不能考中，因而夹带入闱对抡才大典影响至重。为严肃功令禁止夹带，下令监试御史先行出示晓谕严禁夹带，至士子点名入场时再加告诫，务将夹带之弊尽行革除。如仍有不肖之徒胆大妄为、玩视功令的，即行参奏，交部照例治罪，不得姑息。

为进一步严格搜检、防止夹带，乾隆六年(1741)年规定，入场之时监试御史等必须严加搜检，不可虚应故事。如果有宽纵疏漏等事，必将负责官员从重议处。当年又进一步规定，凡有关涉科场情弊者，要求都察院、五城御史与步军统领、顺天府内外帘监试御史即行严拿治罪，不可宽贷。

为进一步严格弥封防止作弊，乾隆六年(1741)规定，顺天乡试试卷弥封时，监试提调官需要责令弥封所官员在弥封时不得让其他人员在场，弥封后要亲自送堂上交誊录官，不得令弥封所与誊录所的人员近身私语。进一步对誊录提出要求，书手要誊写工楷，如有草率从事者即予责惩，并令重新誊录。为确保誊录正确，对读人员务必要一对一读，确保不出差错。监试御史要不时稽察，并严饬弥封所、誊录所、对读所实力奉行。如有不遵者，即将该所官员题参。

为确保考场外场官防严密，乾隆九年(1744)规定，顺天乡试外场巡察于七月二十八日，即往贡院大门外住宿。对所有运送供给以及进院夫役并主考官、同考官的从役等，均由外场巡察御史验明搜检，以杜绝执事人役代士子怀挟情弊。如有徇私情形，由外场巡察御史题参。

为进一步严格会试监察，乾隆十年(1745)规定，会试外场巡察御史的职责均照顺天乡试之例遵行。

为确保公正监试御史亦实施回避。乾隆十七年(1752)规定，根据御史常海上奏，内场监试等官虽无衡文之责，但是场务俱系他们经办，因而此后内场监试御史及提调、知贡举等官，其子弟亦应一体回避，即不得参加考试。不过此种规定以后予以完善。乾隆四十八年(1783)规定，所有副都统参领章京、砖门御史及供给巡绰等官，以后都不必回避。

因满洲蒙古童生地位较为特殊，乾隆二十四年(1759)专门作出规定，考试满洲、蒙古、汉军八旗童生时，监试御史会同学政在至公堂严行搜检。封门后各童生各归号桌，一切换卷窃号代倩传递等弊端，监试御史要同学政严行稽察。

为进一步严格管理，乾隆二十八年(1763)规定，顺天乡试与会试考试，士子点名进入贡院后，汉人责成营员，旗人责成都统，于明远楼前同监试御史一起，照士子卷号押进号舍。同时，仍令监试御史与提调等共同逐号检查。如有官员听从士子任意往来滋生弊端,该相应官员一并议处。

因监场责任重大,原有监试御史人数不足敷用。乾隆三十四年(1769)规定,顺天乡试与会试外场、内场、内帘等三处,共应派满汉监察御史各五员。所派人员除有差使外,其余监察御史一体通行开列,由皇帝钦点,以使关防益昭严密。

科场例行回避,回避规定逐步严格。至乾隆四十二年(1777)规定,监临知贡举、监试御史、提调等官员总办场内一切事务,受卷、弥封、誊录、对读、收掌等官员也各有承办试卷之责,下令以上官员子弟均应回避,以杜弊端。而砖门御史仅于外场检搜,其子弟不必回避。

内帘监试御史担负有重要责任,具有对同考官监督之职。乾隆四十八年(1783)规定,十八名同考官不得互相披阅,必须就所分考卷悉心校阅,不得互相抽看。下令主考官并内帘监试御史时加查覆,如果同考官有相互抽看之事,主考官与监试御史则指名参奏,不得瞻顾私情。

乾隆五十一年(1786)进一步规定,顺天乡试与会试外场监试御史于头二、三场,每夜在外场更番巡察。如果派出员弁兵役不认真查缉,经监察御史查出即严参办理。但如果监察御史未经查出,以致有越墙漏泄题目以及外场传递文字等弊端,被发觉后将监察御史一并交部议处。

为防止贡院内外勾结,乾隆五十二年(1787)规定,另派满汉科道各四员,于八月初九、初十、十二、十三、十五、十六等日,在棘墙外不分昼夜轮流稽察,以防有人在棘墙外作奸犯科。

为加强对入闱士子管理,乾隆五十四年(1789)下谕,顺天乡试与会试士子入闱后即令全行归号。封门后监临知贡举与监试御史等官员逐号严查，以杜乱号之弊。但号数太多，相应官员分别亲往清查，并将某号系某员查看登记号簿。如果有乱号等弊，将原查官员参处。因工作量较大，规定内场应派监试满汉御史各四员，并令将科道衔名通行开列，恭候钦点。

乾隆五十七年(1792)进一步规定，外帘诸务至公堂共监试四员提调官一员已足够办理相应事务，添派的四员科道原为入号巡察。而举子出场后并无应办事件，下令三场考试完毕科道四员即令出闱。

(五) 嘉庆年间规定

监试御史责任重大。嘉庆五年(1800)规定，同考官将推荐取中之卷交监试御史在荐条上用印。每一日，同考官将阅过若干卷分注荐与不荐，全部交由监试御史存贮。主考官搜阅落卷时，由监试御史交送。

为加强内帘稽察，嘉庆七年(1802)规定，各项考试士子出场后外场监试御史别无要事，应于封送试卷时即于至公堂御史内签出一、二员，入内帘分卷稽察。

顺天乡试与会试时，顺天府通判与治中向不回避，但如果其有本家亲戚子弟等入场考试，难免不存在徇私情弊。因而嘉庆九年(1804)规定，此后顺天乡试与会试，顺天府通判与治中均应照提调之例一体回避，而且自本科乡试开始均行回避，并将相应规定纂入科场条例。

为进一步加强回避，嘉庆九年(1804)规定，嗣后顺天乡试，凡监临科道及外帘各所官员，均照内帘考官之例一体回避。令都察院及各该衙门于保送时，将籍隶顺天人员先行查明扣除，以照画一。

嘉庆十三年(1808)规定,内外帘监试御史向许随带笔帖式各二员,预备缮写清汉奏折,已于乾隆六年(1741)议准裁汰在案。但砖门御史仍随带笔帖式二员,也并无应办事件,下令一并裁撤,以节省费用。

为严肃场纪,嘉庆十五年(1810)下谕称,顺天乡试与会试时,所有正副考官及同考官、监试御史等官员,应遵照定例在午门前恭候宣旨谢恩后即行入闱,但竟有不到午门候旨而只在家中得点中考差后竟赴贡院者,此殊非敬事慎密之道。下令,嗣后所派满汉御史各一员,查收应行听宣职名,除内廷行走以及有执事各员先期行知都察院外,如有无故不到者即将该员参奏扣除,除不准入闱执事外,仍交部议处。

(六) 道光后规定

嘉庆前对有关顺天乡试与会试稽察规定逐趋严密,道光后有关规定逐步减少。

为严除弊窦、拔取真才士子,士子越号换卷等情况必须严行饬禁。道光五年(1825)规定,文闱顺天乡试与会试,令巡号御史会同满汉监临及至公堂监试御史,按号分察,并责成监临等官员,认真巡察以防弊混。

对于考官等人不能迅速入闱之事,咸丰九年(1859)下谕,称向例会试及顺天乡试正副考官、同考官以及内外帘执事等员,一经派出即应迅速入闱。而经人查看,当年顺天乡试考官及执事各员有迟至申刻及酉刻始行入闱者,殊非慎重关防之道。本欲予以严惩,但是念相习成风,本次免其深究。下令嗣后顺天乡试与会试年份,午门听宣之日即著责成稽察御史,于听宣事毕后即赴贡院门前,将正副考官及派出场内执事各员入闱时刻一并详细查明,于次日覆奏。如果该考官等有是日并无别项差使无故迟延者，监察御史即指名参奏，以肃功令。

光绪十二年(1886)，又针对有科道官员未及时入闱事例，对迟入者予以惩处。据御史托佛欢等奏，给事中桂年派充内帘监试于申刻始行入闱，殊属迟延，下令对桂年予以惩诫。

由于顺天贡院号舍不足敷用，光绪十四年(1888)在贡院北面增建号舍，东西各一千五百二十间。增加号舍后人手不足，又下令增加人手。顺天乡试添设满洲科道、汉科道各一员，为新添号舍监试官，专司后场稽察弹压事务。新添满汉科道各一员，即于此次所建之监试房七间内居住，不必赴龙门点名散卷以专责成。新添满汉科道于密题监试本内一同题派入场，待士子三场考完后即行出闱。

二、殿试监察

殿试作为会试结束后确定进士名次的重要考试，自应严肃考场纪律，因而应派遣监试御史予以监察。

但最初并没有派遣监试御史监察殿试，直到顺治十八年(1661)才派遣监试御史监察殿试。顺治十八年(1661)规定，殿试差满汉监察御史各二员进行监试。殿试前，由礼部咨取都察院六科各道官员职名，开列受卷、弥封、收掌等官，恭候简派。

殿试仅一天时间，监察事务相对简单，因而较长时期未对监试御史监察作出明确要求。至嘉庆十三年(1808)下令，殿试凡应行执事人员，由礼部先备名册知照值日护军统领，待诸位贡士点名放入后一同随进，事毕即行退出。如有冒充执事官以及事毕有意逗留的，由监试御史查参。

为加强殿试监察，光绪九年(1883)进一步规定，殿试所有贡士正卷查照朝考成案，即由监试王大臣查收汇送，受卷官点验接收之后转送弥封官。下令监试御史于贡士净场时，即在受卷弥封处轮流认真监视，不得疏忽。如果有人向受卷弥封处查阅试卷，而受卷弥封官予以检付者，监试御史即据实参处。如果监试御史一同徇私，如别经发觉，将监试御史与受卷弥封官一并交部议处。

三、朝考监察

朝考作为殿试后的重要考试，对选拔庶吉士具有重要作用，因而对朝考监察也作出了相应规定。

乾隆二十五年(1760)规定，新进士朝考派满汉御史各二员监试。考试完毕后，即令监看阅卷。

朝考监试御史有回避规定，如有应回避而不回避者则予以处罚。嘉庆七年(1802)，因监察御史张凤枝之弟参加朝考，而张凤枝并未早行请示回避。当派张凤枝朝考监考时，才上折询问是否应回避。都察院得知张凤枝未自行申明回避即上折参奏，称张凤枝不早呈明回避，请将该御史张凤枝交部议处。嘉庆帝认为，此次会榜于初十日揭晓，翰林院咨取监试御史衔名系当月十六日。张凤枝明知其弟业经中式，而并不呈请扣除开列。及至被派出后才缮折陈明，原系闻知本衙门堂官欲行参奏而自占地步。嘉庆帝下令，张凤枝著交部议处。

有监察御史建议严格朝考管理。嘉庆二十五年(1820)，御史陈鸿上奏，称近日庶吉士散馆贡士覆试朝考，经常于考试完毕后向素识之大员分送诗片，冀图暗中关照。请饬各大臣毋许收阅诗片，倘有私行送阅者立即参办等语。对此，嘉庆帝予以认可，称每逢考试私送诗片，此即系营求嘱托，自应严行禁止。下令，如果覆试朝考散馆考试时有私送诗片之人，立即指名参办，以杜钻营。

但是对陈鸿所奏的另外内容，即朝考散馆考试分卷之后由阅卷大臣分定甲乙，将所阅之卷统候钦定等第名次的建议，让嘉庆帝大为光火。嘉庆帝称所奏大失体制，阅卷重点在大臣秉公持正，自能绝奔竞之私。如果有人稍有瞻顾，其亦只能就其拟取各卷亲加披阅，但不可能遍览所有试卷。而且其日理万机，也不可能亲阅试卷。又进一步称如按该御史所奏，诸大臣都不可信，那么顺天乡试与会试所有试卷都要皇帝亲阅，有这种道理吗？进而断言，称其为妄议，断不可行。

四、拔贡选拔监察

选取拔贡是清代科举中的重要内容。因拔贡逢酉年才行选拔，即十二年才选拔一次，因而朝廷极为重视。

顺治十六年(1659)规定，拔贡生参加朝考时，用监试御史二人分东西班监试。

最早拔贡考试在午门内朝房，而后因拔贡生多至数百人改到贡院考试，人数众多只有监试御史二员难以稽察。于是乾隆四十三年(1778)进一步规定，再添派满汉御史四员，于至公堂聚奎堂及大门外进行稽察。拔贡生如果有交头接耳、代作代改等弊端，监试御史即时查究。如果该御史不认真实力防查，导致有作弊情事，则惟监试御史是问。入场官员随带书吏刑皂夫役应先期造册交监试御史，于入场之日在龙门按名点进，如果有混入舞弊之人即行究办。场中进送试卷及饮食供给，也令监试御史亲身察看，如有闲人窥探则立即拿究。试卷阅定进呈定下名次后，即在朝房严密封固，在监试御史六员内派出满汉各一员，押赴礼部，监视拆去弥封，填榜出示。

为进一步严格考场秩序，乾隆五十五年(1790)对拔贡生考试又加派监试御史人数。称考试拔贡生以前派监试御史六员，于聚奎堂至公堂及大门三处照料。大门外专办砖门点名，聚奎堂专查内帘阅卷御史二员，足够处理有关事项。而至公堂有戳印卷面清查号舍及龙门稽察接谈换卷等事，只有监试御史二员，人手不足，不能尽心查看，为慎重起见再添派监试御史二员。

五、其他考试监察

除了上述考试外，其他重要考试也派出监试御史予以监察。

对贴写、中书、笔帖式、官学教习、各馆誊录等考试，顺治十六年(1659)规定，都派满汉御史各一人予以监察。至乾隆四十七年(1782)年又规定，考试贴写、中书时，再添派满汉御史各一员，其中二员御史在场内监试，二员御史在东西砖门处点名。

乾隆十七年(1752)规定，考试教习等事在午门之内至百人以上的，由礼部行文到都察院，开列满汉御史各二人，于奏委派考官时从中恭候简名满汉御史各一人，以资弹压。

乾隆二十四年(1759)规定，满洲蒙古汉军八旗童生考试时，监试御史会同学政，在至公堂严行搜检。封门后童生各归号桌，对一切换卷、窜号、代倩、传递等弊端，监试御史会同学政严行稽察。卷面戳用红号，监试御史于考试先一日入场监试用戳。红号底薄由监试御史密封后，交提调官收掌，以昭慎重。

乾隆三十一年(1766)规定，对满洲教习考试派满汉御史各一员监试，考试满洲助教派满汉御史各一员监试，考试恩监生派满汉御史各一员监试。如果考生数超过百名，则派满汉御史各二员巡察料理。

乾隆三十八年(1773)规定，考试翻译生员添派满汉御史各一人，分旗点名。向例考试文生员及翻译生员、弹压大臣及监试御史完考后即出场回寓。但覆试尤当慎重，规定此后待覆试完毕后才可回寓。

乾隆四十八年(1783)规定，各项考试人数在百名内者，仍用御史二员。若数在百名外者，交承办考试各衙门先期知会都察院，将满汉御史开列八员，从中请钦派满汉各二员，巡察料理。

道光五年(1825)规定，翻译录科考试，派满汉御史各二员予以监试。

道光十年(1830)规定，考试各衙门实缺笔帖式考试，依照吏部所议，届期奏派搜检大臣数员弹压。副都统一员在外场监试，监试御史六员在内场监试，监试御史二员在贡院监试。试前一日监试御史在贡院门外点名搜检，并令本衙门识认官逐名识认，如有假冒入场者按例惩办。

道光十六年(1836)规定，此后咨送满洲蒙古汉军八旗士子考试，添派满洲御史一员。

六、试题监察

对于科场中的有关列为成例的规定，有相当一部分是由监察御史提出，被采纳后列为成例。如会试首场考试由皇帝出题的规定，即是其一。

顺治十五年(1658)，福建道监察御史赵祥星上疏，经礼部议覆规定，称会试大典剔弊宜严，第一场四书五经题目，请钦定密封送入内帘，刻印颁发。第二、三场题目体裁较繁，仍责令主考官照例拟出。顺治帝批示，第一场四书题目候朕颁发，余著考试官照例出题。

七、考官监察

乡会试钦点考官，对于确保选拔人才至关重要，因而清诸帝极为重视考官选拔，而宣布考官时为严肃起见，派遣监试御史在场监督。

考官宣旨日，礼部预期行知工部备设黄案，并知会鸿胪寺及开列各官，着常服挂朝珠前往午门外听旨。待传达旨意的侍卫到后，各按品级、班次，跪听大学士拆封宣旨完毕。点到者谢恩，行三跪九叩礼，迅速入闱。如被点到考官而不到者，一面由监试御史参处，一面请旨另派。如果前期未经开列人员，而奉特旨派出者由礼部专差传该员同到，不得稽延，违者参处。

考官听宣，礼部咨职都察院御史衔名，奏派满洲监察御史一员汉监察御史一员，查收应行听宣等官职名。如有无故不到者，将该员参处扣除。

派出考官遇有事故不能应差者，则应否另派他官奏明请旨。考官入闱后，如遇有服制事故，承办衙门不得告诉场内考官。待考试结束撤棘之日，再令考官守制。其他考官包括乡试与会试正副考官、同考官与内帘官，遇到相应情况同样处理。

八、搜检与审音

防止科场作弊是监察御史的重要职责，清诸帝经常下谕要求监察御史予以严格监察，尤其是在搜检以及防止冒籍等方面，监察御史发挥着重要作用。

针对不断恶化的夹带文字入闱问题，乾隆四年(1739)、乾隆六年(1741)与乾隆九年(1744)分别对严格搜检作出规定，要求监察御史务必严加搜检以防夹带文字入闱，并强调要对于搜检不力的监察御史等官员予以处罚。

因不同地区考中难易程度不同，因而清代冒籍现象较为普遍。在当时技术条件下对付冒籍除审查口音外，并没有其他有效的措施。因而乾隆十年(1745)规定设置审音御史。乾隆十年(1745)规定,顺天府考试童生奏差满汉监察御史各一人,会同审音,以防冒籍。因该御史职责为审查口音,因而该御史号称审音御史。

至乾隆四十二年(1777)进一步规定,此后都察院咨送审音满汉御史,将籍隶南省者概行回避扣除。此规定主要缘于冒籍者多为南方人,以期在顺天乡试中得中,而南省人难免有回护之嫌,为防止此弊故而规定将南籍监察御史扣除。

九、派出监试御史程序

监试御史派出程序严格,以防被人事先得知哪些科道官员入闱监察,而滋生弊窦。

顺天乡试时,派遣监试御史均由礼部于七月中旬(会试于二月中旬)行文都察院,由都察院提供给事中监察御史衔名通行开列,与考官同日密题入场。由皇帝钦点后,宣旨知照。

外场巡察,由满汉监试御史各二员稽察砖门运送出入事务。顺天乡试时,礼部于七月上旬(会试于二月上旬),行文都察院移取各道衔名,通行开列,于七月下旬具奏(会试于二月下旬),即于二十八日前往贡院砖门外住宿。春旨之日,知照都察院并顺天府。

棘墙外巡察满汉监试御史各四员,不分昼夜,轮流查察。顺天乡试由礼部于七月下旬奏派,会试于二月下旬。

如果监试御史遇有升迁及出差事故,另行奏派。如临场不及开单请简,则行文都察院,迅即拣派一员接办,一面奏闻。

十、乡会试之年不得条奏科场事务

为严肃场规使应试者专心考试,清代特别严令乡会试不准条陈科场事务,以使士子潜心诵读,不频更旧例以扰其心志。而屡有官员违反此例，因而皇帝也屡次强调乡会试之年不得条陈科场事务。

因孙宗溥进奏有关科场事议，乾隆十二年(1747)下令，称向来乡会试之年不准条陈科场事务，欲使士子潜心诵读，不便纷更成例扰其心志，这也是防弊措施之一。称此立法甚善，因三年内何时不可言，而必欲场期又近纷纷陈奏？下令将进言的孙宗溥奏折交部察议。进一步强调，以后如果有似此违例条奏者，一定交部察议。并下令将此令传谕各科道知晓，以期不明知故犯。

乾隆四十年(1775)进一步强调，科场条例毋许临场条奏。如果臣工认为考试规条存在未尽妥协之处，即当早行入告。并进一步明确，有关会试条奏不得于会试之年上一年的十一月之后进呈。以后如果再有违例临期陈奏的官员，必将该员察议具奏。

乾隆五十一年(1786)进一步明确，以后科道等凡遇乡会两试届期前一月之内，除特参大员申理冤枉迫不及待者仍准其入奏外，其他有关科场事务以及寻常事件，一概不准届期违例具奏，以杜侥幸陋习。

虽然诸科道严遵命令，但仍有御史不惜以身试错。咸丰八年(1858)，御史苏仲山上奏请加山东省中额学额。咸丰帝下谕称，该御史籍隶山东请加本省中额学额迹涉乞恩，且于科场年分条陈科场事务亦属不应该。下令将苏仲山交部议处。

如果不能事先防止科场之弊，科道官员亦要受到相应处分。顺治十四年(1657)丁酉科江南科场案爆发，礼科右给事中金汉鼎因不能摘发科场奸弊被降二级调用。

第三节　监察官员有关科场议奏

监察官员除了在科场具体事务中担负监察作用外，还通过不同渠道提出建议，以健全完善科场规定。

一、清初监察官员有关条奏

顺治三年(1646)即开会试，随着会试举行弊端日出，有科道针对弊端提出相关建议。

会试之期，有诸多士子走门路以期侥幸得中。顺治十六年(1659)礼科给事中杨雍建上奏，称会试之期请禁私谒定首告以绝奸弊。礼部议准应如所奏，严加禁饬。顺治帝下旨，称会试举人场前投递诗文干谒京官，最为可恶。如以后有犯者，著革去举人，下刑部究拟。如京官不行告发，事发之后一体重治。科场关节如有告发授受有据的，下令按照丁酉科南北两闱例重处。但如果是诬告者，则礼部严行申饬。

虽然有监察官员参劾考官，但未必都实事求是，也未必都会被允许。康熙三十二年(1693)，工科给事中彭鹏参奏该科顺天乡试主考官，建议请皇帝亲审并将主考官、同考官并举人一一穷究。康熙帝予以反驳，称该疏所奏称诸大臣皆不可信，如诸大臣不可信那么彭鹏也可信吗？而且治天下不在拘执小节，当敦崇大体御以和平。如果大小事皆皇帝一人亲审，则那么多的大小之事何由毕理？康熙帝下令该奏由九卿议奏。经九卿议奏，称工科给事中彭鹏语涉狂妄不敬，应予以革职。康熙帝称，该科乡试如言有弊而事无显露，若言无弊则物论纷纷。而如果都系嘱托作弊，则所取百有余人嘱托者必须数百人，顷刻间又何暇遍通关节作弊？下令，主考官徐倬、副主考官彭殿元休致回籍。彭鹏毕竟是言官，从宽免其革职。

雍正七年(1729)，监察御史高山上奏，称顺天与各省乡试时，各房分经校卷之时佳卷多者应尽数呈荐，不得以本房额满屈抑英才，也不得其实没有佳卷而滥取充额。主考官应统阅通场之卷拔其优秀者分经取中，将呈荐佳卷多者分给少者之房。会试也应照此例。礼部将高山上奏上报雍正帝，经雍正帝批准实施。

二、乾隆年间监察官员有关条奏

乾隆六年(1741)，礼部议覆监察御史武柱等奏科场各款，经下谕照章办理。第一，顺天贡院号舍宜量添造，由顺天府尹选择地址，会同工部办理。第二，回避卷中将官字号删去。乡会试凭文取中，如果试卷既分满汉南北而又列官字号，很易于揣摩而生弊端，因此应将官字号删去。

为扩大下第举人出路，乾隆七年(1742)监察御史薛澂奏请，经大学士等议覆，于会试下第举人内择其明通者取用担任教职，不必另派阅卷官阅卷。下令会试总裁先从荐卷中选取，名额不足再从备卷中挑选。大省选取六十名，中省四十名，小省三十名，与正榜同时发榜，并由礼部拣选引见。这些人员担任教职满六年后，优秀者允许督抚保用知县。乾隆帝下令遵行。

为提升考官水平，乾隆九年(1744)监察御史钱度上奏，贡监考职向例不论文字优劣而尽行录取。请敕下考试大臣，仅择文理优通者录取，宁少毋滥，并永著为例。得旨允行。

除给事中与监察御史外，也有都察院堂官进奏科场事宜。乾隆九年(1744)，都察院左副都御史励宗万奏请严格考场纪律。称国家设科取士立法严明，近年条例虽严而积久玩生，或有以夹带获中者。虽然科场设有兵役专司搜检，但奉行总属具文。因为对官卷旗卷，监试官碍于情面，兵役等畏其声势难以严查。既而民卷难于独严，皆一例虚应故事。建议请派亲信大臣，先从官卷旗卷严加搜检，其余一体遵行。并严格约束兵役，不得凌辱刁难，致滋纷扰。得旨，行如所请。

为严格考场纪律、完善回避规定，乾隆十六年(1751)御史常海奏，内场监试等官虽无衡文之责，但场务俱系经办。建议嗣后内场监试御史及提调、知贡举等官，其子弟亦应一体回避。下令遵从。

庶吉士是人才培养的重要阶段，针对庶吉士不认真在翰林院学习的情况，有监察御史提出建议。乾隆十六年(1751)，吏部议覆监察御史欧阳瑾奏称，列科庶吉士多于既用之后纷纷告假，俟散馆将近再陆续而回。建议请自今科为始，该教习不得任其请假。还有翰林院编修检讨请假回籍者，于考差前先冬而来，两差既完托故而去，请一并禁止。下谕称，虽然对告假之事有严格规定原无来去自由之事，但如该御史所称或未可定。下令，嗣后应令翰林院掌院严查，如有情弊将该员议处，该堂官查议。

乾隆十七年(1752)，监察御史欧阳瑾就科场定例条奏，称凡开列具题内外帘官员俱于初六日黎明入朝候旨，派出即行入闱。而近科派出之员每在家探听消息，迟至午后始齐集入闱。这样迁延在外而接会亲友，恐滋弊端。因而建议请敕礼部，有宣旨不到者一面参处，一面请旨更换。选拔者不在开列内派出者，该部即差人往传。又称，闱中缮写进呈朱卷及印刷者，考官滥行改削多与原卷不符。请于揭晓后核对原卷，有改削过三五十字者参处。下令，著照所请行。

卤字号为盐籍商灶籍出身，卤字号终三场者四名例不取中。乾隆十八年(1753)，礼部议覆监察御史魏涵晖奏称，本年顺天乡试卤字号终三场者四名例不取中，虽有佳文未免弃置。建议将商灶籍入学者一体编入北贝取中，毋庸另立字号。礼部建议应如所请，饬令该学政与盐运使遵办。乾隆帝下旨，依议。

乾隆二十一年(1756)，礼部议覆山东道监察御史吴绶诏所奏乡会试磨勘之事。称磨勘例用翰林讲读以上、詹事府中赞以上及京堂科道，入班分阅。员数本属敷用，但是如果内有出差事故及应行回避者临期扣除，可能人数会不足。因而建议，将翰林院编修检讨一体入班磨勘。并进一步建议，嗣后各应行入班官员及新添之编修检讨，先期将职名开送，恭请皇帝钦点四十员，礼部照例按各省卷数分派赴班校勘。下旨依从。

有清一代冒籍之事甚多。乾隆二十一年(1756)，监察御史范棫士与陈庆升分别就冒籍之事上奏，请求严加管理。经议，敕下顺天府，示谕本科中式之举人内有南人冒捐北监及冒入北贝者，于填供时首明更正改归原籍，如不自首别经发觉照例斥革。进士及在京官员，限一月内呈报吏部。外任官员于文到日，申明该督抚咨部改归原籍。如有逾限，或被科道纠参，或经督抚查出，均予斥革。冒籍未经中式的贡监生员，令该学政府尹饬地方官及教官详查，勒限一年改正，如奉行不力指名参处。以后如果再有南人冒捐北监及冒入北贝者，查出即行斥革。岁科考童生冒入大兴宛平等县的，贿保廪生及申送教官、主审音收考州县，俱参革议处。

乾隆二十一年(1756)，礼部议准监察御史朱稽奏称，顺天乡试录遗册向来只列贡监生员等姓名，并未详注年貌籍贯及所习经书，难免无顶冒等弊。建议应请嗣后与正案录科名册，一体详注。下旨依议。

士子向来分经学习，而有士子改经有作弊之嫌。乾隆二十二年(1757)，礼部议准监察御史施学濂奏称，请以后举人会试贡监生员乡试之年仍照向例不准改经外，而如果有士子于平时将所习之经具呈请改的，本来不是临场趋避，自可听其改习。举人由该州县申详督抚，贡监生员由州县教官分详学政，准改立案，并于年终汇册咨部，以凭查核。下旨依议。

乾隆二十五年(1760)，掌四川道监察御史朱稽又就殿试监察之事上奏。称殿试阅卷皆系钦派大臣，但时间过久难保不无懈弛。建议请仿内场监试例，于阅卷日派王公大臣及科道官员监试。至阅卷大臣拟定十名后，请即将十人带领引见仍于次日传胪。得旨，如所请行。

向来派遣监察御史监察考试，只开资浅监察御史二十员，分别在外场、内场和内帘。因只派资浅监察御史，而哪些监察御史可能被派考差自易被猜中，进而有请托情事。针对此问题，乾隆三十五年(1770)，左都御史张若溎上奏，称顺天乡试与会试派有御史稽察弊端责任甚重，向例惟开列资浅御史二十员事先已可揣度，因而恐有请托情事。建议嗣后除现有差使人员外，不论资俸深浅通行开列。得旨，称所奏是，依议。

认真誊录是确保科场公平的重要措施，但总有贿赂誊录以及誊录不认真者。乾隆四十年(1775)，礼部议准监察御史王宽上奏，建议各省乡试誊录严饬州县慎选誊录书吏，如经委验官驳回，将地方官议处。中式朱卷潦草不成字体者，原送的地方官参处。誊录于题内笔误三字及文内错落数字者，杖责。对读未经对出者，戒饬。誊录显违格式，如遗落成行错误不成句以及有碍文义及对读不行对改者，均黜革。下旨依议。

乾隆四十年(1775)，监察御史孟邵上奏科场条例。孟邵建议，未将临场不准条奏科场事宜之例查出，请将从前遗漏未载条例之堂司官及此次未能查例呈明的司员，以及违例条奏的监察御史，交部分别察议。乾隆帝下旨，称礼部既奉有科场事宜谕旨自应刊入条例遵行，前既遗漏未刊今又疏忽不能查出均难辞咎，所有礼部应议之堂司各官俱著交部分别察议。而当年本有会试，御史孟邵本人即违犯会试年间不得条奏科场事务之禁，但乾隆帝对其网开一面。称御史孟邵未能谙悉旧例情尚可原，且其陈奏二条已议覆准行一款，所言尚非无当。孟邵著从宽免其交部。

乾隆二十二年（1757）始设排律诗，并将排律诗放于二场。乾隆四十七年（1782），左副都御史觉罗巴彦学上奏，称乡会试头场论内易藏关节请移置二场经文之后，而将原来二场排律诗移置头场制艺之后。主考官、同考官等于头场卷阅荐毕，始分阅二、三场。既阅二、三场卷，即不得复荐头场。乾隆帝对其奏大为表扬，称此奏深切时弊。依议行。此后，排律诗置于首场。

对于乡会试分南北中比例录取一事，有其政治意义，但也有监察御史并不体会其重要性，而要求取消分地录取之例。乾隆五十三年（1788），监察御史钱沣奏请将乡会试不必分南北中取中，而仅凭文取中。乾隆帝下谕称，钱沣奏请乡会试不必分别南北中皿及省份中式一节，固为剔除关节积弊起见。但国家设科取士博采旁求，于甄录文艺之中，原寓广收人才之意。且各省文风高下互有不齐，若如钱沣所奏，势必至江浙大省取中人数居其大半，而边远小省或竟至一名不中，殊非就地取材之意。又称钱沣系云南人所奏尚无别故，若其籍隶江浙等省则迹涉阿私，必至有干吏议。下旨，拒绝钱沣所奏。

三、嘉庆道光年间监察官员有关条奏

虽然明确规定科场年份不准条奏科场事例，但仍有科道以身试法。嘉庆五年（1800），给事中王钟健奏厘正文体一折。嘉庆帝下谕称，向来科场年分例不许条陈考试事宜，如果陈奏之人于乡会试剔除毙窦确有所见不顾处分具折陈递，尚为有因。而王钟健所奏尽属空言，无关紧要，所奏全不成话，又违例条奏。王钟健著交部议处。

嘉庆七年（1802）下谕，称监察御史王祖武奏请，因部属中书学正等官员缺壅滞请将新进士多用庶吉士及知县。嘉庆帝称，因近科以来中式进士分部学习及用中书学正学录者较多，一时补缺不无壅挤，原本思欲量为疏通。因而最近将本科新进士欲多用为庶常、知县酌加调剂之处，曾向廷臣有所宣露。而御史王祖武即以此条奏，必系有廷臣宣布于外，王祖武有所探闻，得知上有此意，因而上奏请求此事。这样既可仰邀允准，又可为士子见好地步，殊属取巧邀誉。且向来科场年份，例不准条陈科场事宜。该折系御史于本科会试榜发届期辄陈请疏通仕路，显违例禁。王祖武著交部察议。

嘉庆十五年(1810)下谕，称监察御史昇寅奏，请禁八旗童试怀挟枪冒一折所奏甚是。要求嗣后八旗童试，顺天府要按照考试翻译生员之例奏请钦派王大臣逐名搜检，并要求步军统领衙门于围墙外加意巡逻。所有各旗委出的参佐等官员，如于考试日期托故不到的，下令稽察御史查明参奏。

向例对年老举子有加恩之举，但有监察御史建议不当而被斥责。嘉庆二十二年(1817)下谕，称监察御史王耀辰奏，乡会试年老举子、请禁冒滥节烦劳一折。称应试老生其年例相符者，须公同具保由学教官查明，如果实系立品老儒加结保送，不准一概录取以昭核实，此所奏尚为可取。但进一步所奏称应试老生止试头场免进二、三场，所论不通断不可行。嘉庆帝称，此必系受人请托，冒昧陈请鄙陋极矣。但并未予以处罚，只是下令著毋庸议。

向例，北京贡院由首县即大兴、宛平二县负责备办运送，但如果准备不周也要被弹劾。道光元年(1821)下谕，称监察御史朱鸿奏知县玩视公事致试院违例取物。称定例贡院考试内帘官入闱后一切供给由首县备办运送，不准稍有短缺。此次考试翻译中书，大兴宛平两县办理供给草率不堪，以致内帘各官纷纷自向家中取物传送，实属不合。大兴县知县潘勤、宛平县知县吴承宠俱著交部议处。顺天府尹刘譞之等失于查察，也著交部察议。内帘各官违例取物，势非获已。御史朱鸿业经据实参奏，均著免其议处。又规定，此后一应考试顺天府府尹务必督率所属妥协办理，毋得仍前草率，致滋弊窦。

一向禁止刊刻落卷，以防别有用心者利用。道光九年(1829)下谕，称监察御史张曾所奏请饬禁刊刻落卷以端士习一折，所奏合理。称抡才大典弃取一秉至公，士子果有屈抑原许赴该管衙门控拆。但于未发榜以前抄录闱文，并榜后刊刻落卷均干例禁。兹据该御史奏称，本科有浙江举人顾宗伊刊刻落卷散布流传之事，是否属实著礼部查明具奏。

虽然屡屡下谕要求查禁誊录问题，但仍屡禁不止。道光十五年(1835)下谕称，监察御史岳镇南奏请严禁科场誊录积弊。称乡会试为抡才大典糊名易书，立法极为周密。乾隆五十二年(1787)，曾严定誊录所防弊规条，责成知贡举监临随时查察，理宜永远遵行。但如果如该御史所奏，近来科场多有包揽誊录之人，场前议定记号，择其书写精工者给银修卷，甚至私带黑墨代改诗文。如有类似情形则于科名大有关系，不可不严加防范。嗣后乡会试著遵照旧章，责成知贡举监临实力奉行，严饬誊录各所官员加意查核。但有夹带黑墨代改文字诸弊立即严拏究办，如不认真查察，一经发觉定将知贡举监临一并惩处，决不宽贷。

道光年间各类考试极为着重楷体，屡有官员建议不宜专尚楷体。道光三十年(1850)，监察御史戴絅孙奏，殿试为抡才钜典不宜专尚楷字。礼部议奏称，临轩策士本欲得明体达用文义醇茂之卷拔置上第，以备他日之用。务令取择适中，除条对精详楷法庄雅者尽登上选外，其有缮录不能甚工而援据典确晓畅事务，也为有本有用之才，亦应列为上卷。但对是否应专尚楷体外并无直接回答，实际上重楷体之风愈演愈烈，这也是导致清晚期人才凋零的重要原因之一。

四、清末监察官员有关条奏

清末科场纪律进一步松弛，虽经戊午科场案后有所改观，但积重难返，虽然不至于出现大案，但仍弊窦多端。

同治十一年(1872)，监察御史袁承业奏，称考试弊窦多端请旨严禁。下谕称，如若如该御史所奏，近年考试教习誊录各项大半冒名代替，乡会两闱并殿廷考试各种弊端亦未尽绝。要求凡与衡文之任者，务各精白乃心严绝干谒，外帘各官亦应认真稽核力杜诸弊。这样才可使奔竞者幸获无由，而真才不致掩蔽。经此次训诫之后如果仍敢玩法营私，或被人参劾或别经发觉，朝廷惟有执法严惩决不宽贷。又警告称毋谓言之不预也。但虽然如此下谕，但究竟是否严格操作以及是否发挥了应有作用，并无下文。

殿试当天交卷例不给烛，但仍有贡士因各种原因延迟交卷。光绪元年(1875)，监察御史张道渊奏称殿试交卷迟延请旨严禁。下谕称，殿试大典理宜慎重，而如该御史所奏近科士子竟有于中左门前秉烛书写，延至夜半始行交卷之事，殊属不成事体。下令，此后殿试着监试王大臣等留心稽察，最晚以日暮为度。如果不能完卷者不准携至中左门补写，所有画押标记视卷内书至保处，即于何处标画以杜弊端。如果时刻尚早，该王大臣等亦不得遽行收卷，以负朝廷慎选人才之意。

童生闹考之事屡禁不止。光绪十二年(1886)，监察御史金寿松奏，称芷江童生闹考之案知府办理不善。但该奏于事实不合。下谕称，湖南芷江县童生聚众滋闹，知府邓天符认真录取办理并无不合。若如该御史所称，于童生拥众求补时从权暂允，未始不可息事。但此是畏葸敷衍适长刁风，近来各省闹考之案层见叠出正由于此。称金寿松所奏牵引发捻肇衅等语，尤不成话。因而断称，该御史以爱护士类为名，实则纵奸废法不知政体。下令传旨申饬，原折掷还。

光绪十六年(1890)庚寅恩科，文廷式在翁同龢的帮助下得中榜眼，而外间对文廷式颇有物论。七月，江南道监察御史刘纶襄予以弹劾，建议殿廷考试请严除积弊。下谕称，如果刘纶襄所奏属实，则近来殿廷考试流弊渐多颇滋物议，亟应严行整顿。要求嗣后派出之阅卷大臣等，务当悉心详阅，遇有诗赋失音、出韵及引用舛错、点画遗落者，一律签出，不准拟取前列。其分阅未入己手之卷，并不准检寻移置致滋弊端。如果有校阅草率，应签不签者，经看出定当予以惩处。至于呈递诗片之事，与科场暗通关节者无异。倘有此等情弊一经发觉，定行分别严惩。但对其他建议则不予认同。称读卷阅卷大臣，均系朝廷特简，谅不敢有心欺罔。所以该御史所请钦派王公监试之处，着毋庸议。又下令，嗣后乡会试卷如有违式书写各项变体难字者，即着按照科场条例认真办理。其殿廷考试傥有似此违式者，亦着一律惩办，以肃功令。

光绪十九年(1893)，监察御史庞鸿书奏请严格科场交卷时刻，请申明定例以杜弊端。下谕称，近来士习不如从前，交卷每逾定限，甚至有迟至亥刻始行交卷者，遂致弊端纷出。但士子相沿成习，监临提调监视各官亦多姑容宽纵，殊属不成事体。下令，此后乡试会试均着恪守旧章，按照定例时刻交卷，不准继烛。如果士子不遵约束或有抗违，即着斥革严办。如果该监临知贡举提调监试等官，有意从宽经访闻知，或被人参奏，定将该员等照例惩处不贷。

光绪十九年(1893)，有为得考差而向太监行贿的官员，被监察御史林绍年上奏弹劾。下谕称，御史林绍年奏参陕西正考官丁惟禔于放差后，有太监持票向索谢银，并在二酉堂书铺吵闹，请饬查究等语。经派人查办，将太监张秀林归案审讯。要求承审各员悉心研鞫，务得确情据实覆奏。

光绪二十年(1894)，礼部与吏部会奏，议覆监察御史安维峻条陈科场积弊以及给事中洪良品请严禁科场传递。下谕，要求知贡举监临监试各员懔遵谕旨实力加以整顿，如果有枪替传递及不遵场规、喧哗乱号、恃众滋闹情事，立即严拿惩办，不得稍涉宽纵。傥再因循怠忽致有前项弊端，一经发觉定将在事人员一并严惩。

冒籍屡禁不止。光绪二十年(1894)，监察御史安维峻奏称，甘肃乡试冒籍甚多以致弊端百出。下令此后甘肃及新疆各属外来垦户，着仍照光绪三年(1877)奏定章程，自领地纳粮之日为始扣足十年方准呈明入籍。并于考试时确查籍贯，如果有年限未满及已满年限未经呈明者均不得冒籍考试。如果有冒籍代考取中的，除本生斥革外，并将送考收考官议处。甘肃省官员如有纵令子弟及幕友亲戚蒙混考试的，由该省督抚学政严行查禁，一经发觉即将本生本官及徇庇容隐各官，分别斥革参处。出结的同乡京官，如有扶同捏饰情弊之事，一并照例议处。

第四章

清代科场大案

本章选取清代与监察官员有关的科场案，从另一角度显现监察官员在涤清科场作弊中发挥的应有作用。与监察官员无关或者与监察官员关系不大的其他科场案，则不予关注。

第一节　蔡时田曹咏祖案

一、基本案情

有清一代极为重视打击科考作弊，至乾隆时期尤其严格。乾隆帝极为重视科考对于选拔人才的重要作用，屡次下谕要严格科场管理，也有因科考作弊而处死官员之举。爆发于乾隆十七年(1752)的顺天乡试科场风波，属于乾隆朝较早出现的科场作弊案。

乾隆十七年(1752)八月，顺天乡试主考房官在入帘时，在内帘监试御史蔡时田行李内搜出关节二纸。曹秀先时任外帘监试御史。经曹秀先辨认，关节二纸为其侄举人曹咏祖的笔迹。

蔡时田，乾隆七年(1742)进士，改庶吉士，散馆后授编修。乾隆十七年(1752)考选为山东道监察御史，当年即充恩科会试内帘监试御史。蔡时田甫考选监察御史即充内帘监察御史，但却作弊交通关节，实属不知敬畏。

曹秀先，乾隆元年(1736)恩科会试进士，改庶吉士，散馆后授编修。乾隆十年(1745)，考选为浙江道监察御史。

二、查办过程

对蔡时田带有关节之事乾隆帝极为重视，数次下谕要求严查。

乾隆帝接报后下谕称，据在京总理事务王大臣和硕履亲王允祹等奏，称初六日主考房官在内帘监试御史蔡时田行李内搜出关节二纸，外帘监试御史曹秀先认出为其侄举人曹咏祖笔迹，请交刑部审拟等语。乾隆帝指出，科场弊窦自其父雍正帝严加厘剔后内外肃清，其登极以来留意整饬，本以为应当诸弊尽除人知奉法，但竟然尚有愍不畏死藐法行私潜通关节之人，实出于其情理之外。

乾隆帝称蔡时田身为御史以监试为职，而受带关节尤属不法。下令蔡时田革职，曹咏祖革去举人。同时对于检举曹咏祖的曹秀先亦有所怀疑，称其举报其侄未必不是见事败露先发卸罪之举，同样下令解任。把曹秀先、蔡时田等人交在京总理事务王大臣会同刑部严加刑讯，要求切实审拟定罪具奏。

就此事乾隆帝对军机大臣下谕，称蔡时田受带关节一事情罪甚为可恶，已有旨严审定拟，务当彻底严查。两张关节必是由蔡时田转给代求之人。而谁为代求之人俱应严加刑讯，要求一网打尽，而不可稍有宽纵。

古代科举时作弊一般为托关节，因乡试与会试均为糊名且誊录，所以不会因为字迹而识出人名而作弊，所以只能依靠关节。所谓关节也较为简单，即事先约好几个字，将几个字嵌入正文中，一般是同考官搜中关节后，即知为事先约定的试子。同考官搜中后向主考官呈荐，这样录取的可能性极大。

如果同考官不向主考官推荐，而试子被录取的可能性几乎为零，除非主考官通过搜遗自行搜寻落卷，试子才有可能得中。左宗棠即因主考官搜遗才得中举人，康熙朝韩菼经徐乾学搜遗会试得中，而殿试竟得状元。

关节在有清一代虽屡禁而难止，此次蔡时田带关节，虽未送达同考官或主考官，但试图舞弊显然。

对此次科场作弊案乾隆帝极为重视。不久又下谕要求严办，称蔡时田受带关节甚为可恶，科场作弊罪与贿卖生童无异，自应斩立决。即使例应监斩候，亦当入于本年情实定拟处死，决无可贷死之例。并特地要求，将此谕告知刑部尚书阿克敦与左都御史刘统勋。

因数日后对此案尚无回音，乾隆帝又特地下谕给军机大臣。称蔡时田携带关节一案前已降旨革职交刑部，但尚未覆奏详细情况。要求传谕王大臣及刑部堂官，要加紧提讯详悉追究，尤其是蔡时田的关节要交给什么人必须务得实情。为防止万寿期内因循延误审案，特地声称不必拘定万寿期内不加刑讯之例，只要求迅速严密为妥。并再次重申所有审讯情形要马上奏覆，不得稍有延缓。

三、处理结果

不久，据和硕履亲王允祹等覆奏，经将蔡时田严刑鞫讯，据蔡时田供其所带关节二纸原拟入帘时遇有相识之人相机转托，而并非已有托付之人。曹咏祖供词亦相同。蔡时田身为御史奉命监试收受关节串通嘱托，曹咏祖奔竞夤缘藐法营私情罪俱为重大，均应照律治罪。而曹秀先虽讯称事先并不知情，但未能约束曹咏祖，应交部议处。

乾隆帝得报后下旨，将蔡时田、曹咏祖俱着立即处斩，其他依议。

可能审办之人投鼠忌器不想兴起大狱，只是把蔡时田及曹咏祖处斩了事，并未深究谁托付关节，也没有深究可能接受关节之人。

对于此次科考案，乾隆帝又再次下谕，要求严格科场纪律。乾隆帝称，国家设科取士期得真才，士子诵法圣贤当知以名节为重。但总有考官列抡选之任而怀穿窬之心，则衣冠中禽兽玷污儒林败坏士习，莫此为甚。如果类似案例不予严惩，则更无以服寒畯而昭炯戒。乾隆帝自称科场出此案例深为可愧。虽然固不忍轻量天下士，但人心叵测实为可叹。乾隆帝再次强调，自作孽者罪不可逭，天地鬼神必不容欺。重申严办科场作弊案的决心。

对于曹秀先，吏部议奏曹秀先虽不知情但亦予革职。乾隆帝予以宽免。

曹秀先并未受此事影响，此后升至礼部尚书。

此案虽非为监察御史告发，但一是为内帘监察御史收受关节，二是由外帘监察御史认出首犯笔迹，故录于此。虽然可能由于审办大臣投鼠忌器以及乾隆帝无意兴起大狱未予深纠，但也是一桩科举大案。尤其是由主考官主动在内帘监察御史行李中搜出关节二纸，亦可见当时科场功令之严。

第二节　满蒙童生案

一、基本案情

乾隆帝对科场案一向严厉打击。乾隆二十三年（1758），满洲蒙古童生考试有考生作弊。主考官直隶学政庄存与被监察御史汤世昌上疏弹劾。

案发后，乾隆帝将庄存与革职。经查办，庄存与未有过错，官复原职。作弊的童生海成处斩，其他考生处分不等。

汤世昌，乾隆十六年（1751）中进士，改庶吉士。乾隆十九年（1754）由翰林院编修考选为山西道监察御史，后升工科给事中，又缘事降调山东道监察御史。因经常上封事，人称“汤多谏”。

庄存与，乾隆十年（1745）一甲二名进士即榜眼，授编修。乾隆二十一年（1756），任直隶学政。乾隆二十三年（1758），庄存与主持这一科满洲蒙古子弟的顺天院试。通过者即为秀才。

满洲蒙古子弟考试向来考场纪律松弛，主持者亦不敢严格要求。但本次考试变本加厉，考生竟然前所未有使用“飞鸽传书”作弊。考生偷偷把信鸽带进考场，拿到考试题目后，将考题绑在信鸽的腿上传递到贡院外的枪手处，枪手完成文章后再通过信鸽传递给考生。

庄存与严格执法。考生们难以完成试卷，大闹考场。该场院试中，有十五名考生故意毁坏了考卷上的个人信息，还有十七名考生私自将试卷带回。

汤世昌风闻此事后，即上奏弹劾庄存与。乾隆帝接奏后，将庄存与革职，令吏部尚书蒋溥详查，并命一等忠勇公傅恒负责彻查此案。

经审查，查出以海成等为首的共四十多名舞弊闹考学子，以及枪手和传递考题答案的人等。

二、处理过程

对于此案乾隆帝极为重视，屡次下谕。

接到汤世昌参奏庄存与后，乾隆帝下谕称，满洲蒙古童生因不能传递辄行喧闹一案，经了解果有其事。庄存与作为学政，只不过失察无能，但不至于有大罪。但是旗下童生不知守法，尤其效法外省考试陋习，与人心风俗有关。经亲询庄存与，庄存与投鼠忌器不敢据实陈奏，只是一味含混支吾，仍思卸己之过，却不肯如实说明情况。乾隆帝称这个罪就大了，因而下谕将庄存与革职。又令军机大臣传提喧闹各童生，一并质审。又恐人误解庄存与因为严格要求旗人而获罪，称这种看法昏昧至极，如果真的如此为何不加罪汤世昌？

但经审查，实际情况实出乾隆帝意料之外。乾隆帝称，最初严查不过准备究明情节后，将为首者发往新疆效力，为从者发黑龙江种地而矣，以示惩创。但因所审的是旗人，所以审案大臣没有严行穷究。

因而乾隆帝下令亲临覆试。覆试情形让乾隆帝大跌眼镜。乾隆帝亲临覆试尚且查获出如此多的夹带，可见此前夹带之严重。

三、处理结果

鉴于旗下童生闹场严重，乾隆帝亲加鞫讯，下定决心务得实情。

经审查，童生海成为闹场祸首，为倡议闹场之犯。一听到要覆试，又将闹场时带出之卷请人补作投递。在考试时海成放鸽等情，已经罗保等人供证确凿。但在乾隆帝覆试时，又复挟仇诬陷和安，而且竟然说出“何不杀之”之语。

乾隆帝听到海成说“何不杀之”后大怒，称满洲世仆中有此等败类断不可留，即降旨将海成正法。附和闹场罗保以及搜出怀挟等人，俱着发往黑龙江种地。而随从闹场以及带字片等四十人，本来也应发遣，但既经责训示惩，都从宽令其在旗披甲，永远不准考试。对于考生的老师满学教授旺衍亦予以惩戒，因其不能约束考生又询问时不肯吐实，下令发往热河充军。

此案彻查后，乾隆帝又大发感慨，称满洲风俗从来淳朴，八旗子弟务以学习满文专精骑射为事。如果要学习汉文也要潜心诵读量力应考。而如果自知学问不足，却要传递怀挟妄冀侥幸，则是学习汉文时已视为玩法舞弊之具，而人品心术自不可问。又进一步指责旗人童生的老师，称正黄旗童生廷瑞所延馆师为江宁人胡君治，但廷瑞考试时胡君治代为作文托人传进。替海成作文字的庄之庄等人都是南省之人。这些人在京潜住，诱人子弟，以饱私囊。乾隆帝对其大加讥讽，称此辈文本平庸，在原籍既不能自取科第，又不能为枪手作弊。而代旗童幸中则固属游刃有余。但如此玩法网利、蠹害人心，尤属不浅。下令对这些人审明按律重拟，以绝根株。

对于此次科场案，乾隆帝进一步作出要求。要求此后满洲、蒙古现任三品以上大臣之子孙及亲兄弟子侄有应试者，需要自行奏闻，必需满文骑射皆有可观，方准入场考试。并下令照乡试之例请派监试御史及监场都统各员，予以弹压。

对于庄存与，乾隆帝称其所录尚属秉公，下令官复原职。对交卷并已取中为生员的试子，乾隆帝认为这些人自非闹场之人，加恩仍准作生员。

乾隆帝进一步想到盛京考试，称京城旗童考试如此，盛京应试亦可概见。下令盛京如何加强考试管理，着交盛京将军、礼部侍郎等，详悉定议具奏。曾有不识事体之人建议，各省驻防子弟应随地准令赴考。乾隆帝称以上所见尤为乖谬，断不可行，决不沽名从之。

对于童试，乾隆帝进一步作出规定。称向来直省童子初次应试俗称观场，而地方官亦视为无足重轻滥行收录，以致府县考案漫无节制。殊不知小考即士子始进之阶，而且乡试会试甄拔举人进士即是当初院考所取生童。如果府县送考人数过滥，则学政看卷亦易为所混淆，根本不是慎取士之道。因而下令，嗣后各直省府县考试毋得滥行录送，俱着酌量按照地方人数核实取录，以昭慎重。考试时必须严立关防，审择考校。这样陋习可除，各该学政亦得从容阅卷。乾隆帝下令将此通行晓谕，以使众所周知。

第三节　眭朝栋案

一、基本案情

乾隆二十六年(1761)，乾隆帝因皇太后万寿下令举行恩科。恩科会试前监察御史眭朝栋上疏建议实施回避卷单独考试，引起乾隆帝疑心，因而导致一场大狱。经刑部议眭朝栋拟斩立决，乾隆帝宽免其死罪，放归还乡。

乾隆二十六年(1761)正值皇太后七旬万寿又兼平定西域，乾隆帝下旨举行恩科，此为皇太后万寿恩科之始。自康熙五十一年(1712)始，在正科外每逢新君登基等重大庆典往往召开恩科，但未因皇太后万寿举行过恩科。

会试开始前乾隆帝奉太后巡幸五台山，启銮前告诉东阁大学士刘统勋及户部侍郎于敏中两名军机大臣，由其二人主持恩科会试。但试期将近时，乾隆帝在山西接到时任军机章京的陕西道监察御史眭朝栋一道封奏。奏疏中，眭朝栋建议本科应行回避的举子另派考官加以考试。

眭朝栋，乾隆六年(1741)进士，改庶吉士，散馆后分发刑部，后迁郎中。乾隆二十一年(1756)，任贵州学政。乾隆二十五年

(1760)，由刑部郎中考选为陕西道监察御史，未考选监察御史前任军机章京。

乾隆前期监察御史兼职规定尚不严格，因而眭朝栋得以监察御史继续兼军机章京。乾隆末期规定，军机章京考中监察御史者即不得再兼军机章京。

就此次恩科会试，眭朝栋上疏称，主考及内外帘官子弟亲族向有回避之例，但是本年恭遇皇太后万寿恩科会试士子倍加踊跃，为使这些举子不因回避而可参加会试，因而建议将主考官及同考官的子弟应行回避之卷一体收试，并特派大臣秉公校阅。如果确实可录取的，酌拟进呈请旨以定是否录取。

为确保公平公正，科场严行回避之例。凡是奉派为主考官或者同考官，其亲属包括叔侄在内均不得入闱应试。因此例而回避的竟然有近二十年不得参加会试之人。虽然此为特例，但一般士子尤其是家族中有居高官且可能担任主考官或同考官的，则难免有回避之例。清末明臣张之洞就曾因回避而停一科会试。

考官亲属回避源自唐。宋代进一步严格回避规定，会试要避亲另考称别头场。但殿试不必回避。殿试号称皇帝临轩亲试，所谓天子门生，因此父兄为考官亦不必回避。

清代进一步严格考场纪律，其中考官亲属回避即为其一。因眭朝栋有此奏，乾隆帝先是疑心眭朝栋有子弟等亲属参加本科会试，因而担心其如果得考差将耽误子弟功名，但更怀疑眭朝栋有意交结刘统勋、于敏中二位正副总裁。

乾隆帝下令，将眭朝栋交部察议，并令知贡举熊学鹏查报，将应行开列总裁大臣及内外帘执事各官应行回避之子弟亲族，逐细查明，开具清单奏闻。

但是开列结果大出乾隆帝预料，总裁刘统勋与副总裁于敏中均有需要回避的亲属。刘统勋有胞弟、胞任各一人以及于敏中有堂侄一人，必须回避。

乾隆帝自命英主，最恨臣下试探。乾隆帝看到回避名单后大怒，认为眭朝栋有意试探。眭朝栋本人并无需要回避的亲属，而刘统勋与于敏中均有亲属需要回避。因而乾隆帝认为眭朝栋显系媚求上司求荣，于是对眭朝栋严加处置。

二、审理过程

对眭朝栋上奏一事，乾隆帝保持高度警惕。首次下谕即称此奏要誉，即眭朝栋为追求名誉而作此奏。下令吏部严察议奏。

乾隆帝进一步下谕，称会试士子由举人而拔为进士，衡鉴之司较乡试自应倍加慎重。而礼部请派同考官一本奏章，所列率多考乡试主考列在三等未用，以及向不知名聊且充数之员。但是那些曾经点过试差以及曾充同考官的官员，俱不开列。乾隆帝称这似属公道，而实际上实为典校者一大弊端。因为乡试简差回避本省，其在籍子弟亲属仍可入场考试以期考中。会试主考官、同考官定例子弟均应回避，因而托故扣除者想已不少。但却公然以为于例不合不复开列，却独留劣等数人任同考官，以期这些人担负抡才之任，又如何希望会试能得佳士？而且那些乡试主考官因回避本省不妨碍亲属中举，而会试不担任同考官又不影响回避，这样名实兼收，实在是孜孜为利。

乾隆帝又就眭朝栋所请之事大加议论，称眭朝栋平日自号读书之人，而实际身蹈猥鄙，难道不以为耻？因而下谕，嗣后凡遇会试着将考乡试等第全单随本呈送以备检派，以重文衡杜诡避。下令将此谕通谕考官与举子知晓。

乾隆帝怀疑眭朝栋有意结交正副总裁并非空穴来风。乾隆帝赴山西前虽未明发上谕任刘统勋、于敏中二人为正副总裁，但因曾召见二人，基本都确认二人将充任会试正副总裁。眭朝栋作为军机章京，自然更是知晓二人将出任会试主考官。乾隆帝一向注意整顿考场纪律，于是借此机会从严惩治眭朝栋，并借以警告刘统勋等大臣。眭朝栋实属自作聪明。

清代诸帝一向重视科举公平，科举对于寒家子弟几乎是唯一上升通道，科举能否确保公平对于选拔人才以及收买人心至关重要。乾隆帝登极后进一步强调科举纪律，寒士而为真才一般都有机会扬眉吐气。

经查，吏部上奏，眭朝栋照溺职例革职。对于吏部所奏乾隆帝并不满意，称最初以为如果总裁大员中查无应行回避之人，则该御史所奏不过博一时虚誉，其罪还可原谅。但经查总裁刘统勋与于敏中均有应回避之人，刘统勋与于敏中既系军机大臣，而眭朝栋为军机处行走之员，因而断定眭朝栋所奏显属迎合上意，称此风断不可长。

乾隆帝又借机发挥，称前明师生堂属党援门户之弊，往往假公济私害及朝政，最为言路恶习。而眭朝栋何人，竟敢以此等伎俩巧为尝试？作为监察御史与给事中等诸科道尚属不可，何况该御史兼在军机行走？又针对刘统勋与于敏中指桑骂槐，称举行恩科会试已属格外旷典，臣工得与文衡已可云宠荣逾分，难道还想让应该回避的亲戚得中进士？这实在是不知足中更进一步的不知足。

乾隆帝进一步挖苦称，所称的读书人是这样子的吗？进而断言，此事与政体官方士习均有关系。对始作俑者眭朝栋，称革职不足蔽其辜，下令拿交刑部治罪。

三、处理结果

眭朝栋被拿交刑部。刑部从严处治，以坐结交侍例，定为斩立决。乾隆帝行霹雳手段原为敲山震虎以儆臣下，见目的已达到，于是对眭朝栋网开一面。

乾隆帝下旨称，眭朝栋有意沽名，按律定斩立决，罪由自取。但毕竟与纳贿营私者还是不同，就算列入情实，也照例原不予勾决。下令加恩准其罚金赎罪。眭朝栋得以交纳罚金，赎罪回乡。

就眭朝栋之事，乾隆帝对刘统勋、于敏中授意与否姑不深究，但言外之意仍怀疑眭朝栋为其二人所指使。对刘统勋与于敏中仍予以惩罚，二人应行回避的弟侄概着罚停乡会试一次。即不但本科会试需要回避不准参加，而且下一科也不得参加乡试和会试，以示儆戒。对二人的处罚不可谓不重，对那些因此而受牵连罚停下一科乡试和会试的二人亲属，实可谓无妄之灾。

此次恩科殿试后，排名前十本的考卷拆名后进呈。军机章京赵翼第一，陕西人王杰第三。乾隆帝认为，赵翼为浙江人，而浙江人得状元的较多。而陕西人从未有人得过状元。而且当时正好平定西域，乾隆帝为表示偃武修文之意，将赵翼与王杰互换名次。王杰为状元，赵翼为探花。

此后王杰官运亨通，官至大学士。而赵翼对失去状元始终耿耿于怀，官运不佳仅至道员，较早辞官著书。但失之桑榆，赵翼文名卓著，为江右三大家之一。

自本次恩科殿试后，前十名进呈之卷不再拆名上达御前，亦即在状元确定之前并不知其名姓。

赵翼在其所著《檐曝杂记》中载眭朝栋因上疏被杀，实属误载。其他清代笔记包括今人著作大都引赵翼所说，称眭朝栋因此案被杀，实属以讹传讹。

乾隆三十年(1765)乾隆帝南巡，眭朝栋尚在接驾之列。乾隆帝下令接驾之人调取赴京引见，而不愿去者自便。眭朝栋赴京引见后，授为沅州知府，后升衡永郴桂道道员。任道员时有惠政，衡州府、永州府人建祠以祀。

第四节　戊午科场案

一、基本案情

清中前期极为重视科场纪律，自乾隆后期后科场纪律日弛，终于至咸丰中期酿成巨案，即戊午科场案。该案由监察御史孟传金告发。由于该案杀人过多，孟传金终因上疏被当政者黜回原衙门，最终蹭蹬终生。

咸丰八年(1858)戊午举行顺天乡试，主考官为大学士柏葰。乡试放榜后，物议沸腾，有人公然谈论乡试作弊之事。监察御史孟传金听闻后即上疏弹劾，称顺天府乡试存在弊端，中式举人平龄朱墨不符，物议沸腾，要求特行覆试。

孟传金，道光三十年(1850)进士。咸丰六年(1856)，由礼部郎中考选为江南道监察御史。

由孟传金一疏所引发的科场案，因当年是戊午年，所以称戊午科场案。戊午科场案与顺治十四年(1657)丁酉科场案和康熙五十年(1711)辛卯科场案，并称清朝三大科场舞弊案。

戊午顺天乡试共主考官三人，一正二副。正主考官大学士柏葰，蒙古正蓝旗人。副主考官为户部尚书朱凤标和吏部侍郎程廷桂。

孟传金上疏后，咸丰帝下令派载垣、端华、全庆和陈孚恩查办，要求不准稍涉回护。此前，咸丰帝派大臣会勘中试的全部朱墨卷，存在诗文悖谬的考卷有五十余本之多，所以有“不准稍涉回护”

之谕。

咸丰初期，科考纪律松弛，考前向考官递条子视为常事，大庭广众之中谈论条子不以为讳。条子即关节，订明诗文某处所用之字，以为记验。

凡与主考官与同考官熟悉者，皆可呈递。考官凭条索卷，百不失一。有加三圈五圈于条子上者，如果中三圈者则送三百两，五圈者送五百两。如果考生有熟悉的考官而不递条子，考官反称“看不起我”。

在此背景下递条子成风，但正如戊午副主考官程庭桂所说，一个人要中，文章之力居八九，条子之力不过一二而已。只是风气如此，能递条子者一般想法递条子。而此案被肃顺利用兴起大狱，但此案对清晚期严肃考场纪律、选拔人才、延续国脉，实属功莫大焉。

孟传金知晓戊午科场案之事也属偶然。焦佑瀛时以五品京卿充军机章京领班，为其母办寿时某客人称科场有换卷之事。孟传金在座闻知便风闻言事，上书弹劾。

二、审查过程

经咸丰帝下谕，由载垣、端华、全庆、陈孚恩查办此案。虽然肃顺未参与查办此案，但主持者实为肃顺。肃顺极受咸丰帝宠信，怡亲王载垣与郑亲王端华皆听命肃顺而行。柏葰与肃顺向不相容，因而借此机会肃顺打击柏葰。

柏葰在闱中曾作诗云：“几度喧和几度凉，乱山高下又斜阳。我如开宝闲鹦鹉，日向峰头哭上皇。”有人以为该诗为科场案被杀之兆。柏葰任主考后闱中出现彗星，古代一般认为出现彗星是不祥之兆。内帘监试御史写诗，柏葰以诗相和，有“天意远难知，使我心谨凛”之句，而实不知祸在眉睫。

经查确实有考生违纪。其中之一为考生罗鸿祀。该人才学浅薄，重金贿赂柏葰的家人靳祥，请靳祥暗做手脚。罗鸿祀又结识同考官浦安。柏葰阅卷时并未取中罗鸿祀。但靳祥借整理考卷之机，从已中的卷中取出一卷和罗鸿祀考卷对调，于是罗鸿祀得中举人。

罗鸿祀的考卷文理极不通顺，且错别字很多。为慎重起见，咸丰帝再给罗鸿祀一个机会，命他到南书房重考一场，并遣肃顺监考。罗鸿祀又交出了一份粗劣的考卷，于是该案被钦定为“通关节”。

此外还有一中举者为满人平龄，该人性喜演剧。据称考试之日有人看其犹在演剧，是找枪手代替无疑。经调查果然发现朱卷和墨卷内容不符，还有许多修改后的错字。平龄被提审，不久瘐死狱中。

三、处理结果

咸丰九年(1859)二月，载垣等奏请先结柏葰与罗鸿祀之案。靳祥事发后畏罪自杀，柏葰按律当斩。但咸丰帝并不希望处死柏葰，不过在肃顺的强烈要求下还是判柏葰斩立决。咸丰帝称虽罪无可逭，但情有可原。而肃顺称，虽然情有可原，但终究罪无可逭。

咸丰帝下谕称，科场为抡才大典，自来典试诸臣从无敢以身试法者，不意柏葰以一品大员辜恩藐法。既有成宪可循即不为已甚，但情虽可原法难宽宥，言念及此不禁垂泪。最终判柏葰斩立决。

据野史称，咸丰帝对是否判柏葰斩立决尚在犹豫，肃顺便夺咸丰帝朱笔代批，判柏葰死刑。柏葰和浦安、罗鸿祀等人一同被判死刑，被斩于菜市口。

柏葰临刑时以为虽然判处死刑，但咸丰帝终会对其赦免，而由死刑改为充军，还叫其子准备行李以便一闻恩命即行就道，但终被斩首。

柏葰操守清廉，出使朝鲜时朝鲜李王曾馈银两，但坚辞不受。所以有人断定该案决无受贿情事，纵使犯科场条例也不致斩立决。

柏葰知道是肃顺坚持要杀他，还称肃顺以后恐也要被绑至菜市口。两年后辛酉政变，肃顺果然被绑赴菜市口斩立决。

对该科场案，有人作诗称："琐院抡才典最崇，诸君衮衮太和同。岂容关节通包老，可笑冬烘误鲁公。十手难遮天下眼，一鸣今见直臣风。不载桃李载荆棘，谋国谋身总未工。"

肃顺监刑时扬扬自得，对柏葰说："劳久候矣。"闻者议其太狠。

副主考官朱凤标以不知情只是罢职，不久以侍讲学士值书房，罢官之日正好六十岁生日。后复官同治初任大学士。朱凤标为道光十二年(1832)壬辰科榜眼。

咸丰九年(1859)七月，处分其他人员。程庭桂之子已革工部候补郎中程炳采公然接收关节条子，即行处斩。程庭桂身任考官，于其子交通关节并不举发，虽然所收条子未经中式，但交通已成，确有实据，姑念其子程炳采已被处斩情殊可悯，将程庭桂加恩发往军台效力赎罪。其他舞弊诸人包括陈孚恩之子在内，都是充军。

咸丰九年(1859)已未科会试，奉特旨加倍严搜，片纸只字皆不敢挟入。至同治帝改元慈禧秉政，慈禧为博宽大之名，凡派搜检之王大臣请训时，必告之称勤惯当差莫要多事，即隐示以勿搜。

但赶考之人怀挟防不胜防，也有代人作枪手。号称江南一闱，行贿于考官者尚无其人，只是代作者实在层出不穷。清末科场作弊层出不穷，有评论称此科场气运之所以终而国之所以亡。

同治帝即位肃顺被杀后，监察御史任兆坚疏请为科场案昭雪。但朝廷下谕称，柏葰正法一节谓为无罪实有不能，该御史所谓昭雪之处措辞失当。不过只是念柏葰受恩两朝在内廷行走多年，加恩柏葰之子候选员外郎钟濂，令即着带领引见。赐柏葰之子四品卿衔，以六部郎中遇缺即选，后官至盛京兵部侍郎。

又称，从前承审此案之王大臣，除载垣、端华均赐自尽及陈孚恩发往新疆外，吏部尚书全庆着交都察院议处。全庆加恩免革职，议降四级调用以示薄惩。

科场一案为孟传金举发，因杀人过多，大都咎其多言，后终被因事赶回原衙门。同治二年（1863），孟传金奏请为办理团练者请奖不当。执政者借此下谕，称孟传金不胜御史之任，但姑从宽免其深究，下令回原衙门行走以示薄惩。此后孟传金蹭蹬终生。

清代科场案频发，戊午科场案为清后期的一场要案，也是被杀官员官职最高的科场案。孟传金作为监察御史风闻言事实无足责，但因适为肃顺所利用故为人所恶。此案虽处置过苛，且肃顺出于私意借此打击政敌，但是对于整饬科场风气极有帮助，此案后科场清肃近五十年。

咸丰以后犹有同光中兴，论者以为是历朝皆注重培养人才之故。自乾隆朝就特重科举，寒士而为真才必能扬眉吐气，这是培养人才最关键所在。而道光年间科场风气渐差，咸丰时期科场更加腐败，号称公卿子弟儿视巍科为故物。而自戊午年兴起大狱，官家子弟始知束身安分，不致妨碍寒骞进身之路。

第五节　周福清科场案

一、基本案情

光绪十九年（1893），翰林院编修周锡恩放浙江省乡试副主考。

内阁中书周福清丁忧在家，向周锡恩期约贿赂。不意通贿之信落入正主考殷如璋手中，事情败露。周福清定罪斩监候，系狱数年，至庚子之乱方得释出。

周福清，同治十年(1871)中进士，点为翰林院庶吉士，散馆后改任知县。因案被议，由县官改教职，后加捐内阁中书。

光绪十九年(1893)浙江乡试时，周福清丁忧在家。因副主考周锡恩为其同年，因而试图向周锡恩行贿。浙江绍兴大户较多，周福清找了五家凑齐一万银元，作为贿资。同时将其子周用吉顺便带入，共六人。

具体行贿情节是，由周福清拟定关节，关节为四字"宸衷茂育"，即在试卷正文中将此四字嵌入，找到此四字即为关节。四字不可连用。因"宸衷"例要双抬，一望便知。找到宸衷后再找到"茂育"二字即可。用关节者共六人。周福清向周锡恩送洋银一万元空票一纸，此六人录取后方可兑现。

正副主考官路经苏州时，周福清派仆人陶阿顺送书信及洋银空票。但因陶阿顺办事不力，结果送书信及关节之事被当场抓获。行贿之事败露。

二、审办过程

事发后，周福清先避往上海，随后回籍自投首。监察御史褚成博得知此事后即上疏弹劾。

褚成博，光绪六年(1880)庚辰科中二甲进士，改庶吉士，散馆授翰林院编修。光绪十五年(1889)，考选为江西道监察御史，历任礼科给事中、惠潮嘉兵备道等职。

清末科场风气之坏由来已久，正因如此，浙江按察使赵舒翘处理周福清一案仍从宽减，不愿兴起大狱。而且周福清在堂上亦称此事实属正常，并指出某某即系送关节所中举人。

经审问，周福清拟写关节一纸内开五人，马官卷、顾、陈、孙、章并其子，共六人，均用“宸衷茂育”字样。马家坛为会稽县学廪生，为翰林院编修马传煦之子。因马家坛其父为翰林院编修，故为官卷。周用吉即周福清之子。周福清为亲友中马顾陈孙章五姓子弟同求关节，并为其子求通关节。

浙江巡抚在上奏中为周福清开脱，称周福清欲递关节时并未告知亲友，而是准备主考允诺后再告知亲友，而亲友家道殷实，也不担心无人承应而赖酬谢之资。

三、处理结果

当时考生已入闱考试，浙江巡抚崧骏即下令将马家坛、周用吉一并发扣考。而其他顾、陈、孙、章各姓俱无名姓，无凭查扣。

有论称周福清交通关节已不止一科，与周锡恩应早有来往。但当时科场风气已坏，因而如赵舒翘这样精干而有魄力的按察使也不愿兴起大狱。

浙江巡抚奏报中多为周福清开脱。称周福清中途求通关节，相较交通关节已成未中者，情节有所区别。而且所开洋票，系属自写虚赃，与议单文券不同。同时财未予人，未便计赃科罪。而且事后周福清闻拿自首，尚有畏法之心。因而建议量予酌减，当然要“恭候钦定”。

对于马家坛与周用吉讯非知情，而且又分别革去秀才，与讯不知情家丁陶阿顺均无毋议。而其他顾、陈、孙、章四姓并无主名，周福清又称事先未与各家商谋，建议免查，以省株累。而票洋系属自重虚赃，又周福清家计贫寒，应免着追。

刑部接报后，依律定罪。依律科场贿弊为斩罪，未成减一等，改为杖一百流三千里。自首原应再减一等，而周福清明知科场禁例甚严，却以身试法，则是故犯与自首相抵销，不准再减，建议发往新疆赎罪。

刑部上奏后被驳。光绪帝下谕，称科场舞弊例禁甚严，周福清辄敢遣递信函求通关节，虽与交通贿买已成者有间，但为肃法纪，周福清改为斩监候，秋后处决，以儆效尤。

一般是凡遇钦定刑案总是部议从严，候朱笔减等以示恩出自上，而周福清一案竟一反惯例，光绪帝主要以借此整饬科场风气。也有野史称，其时光绪帝正因无财力筹办慈禧六旬万寿而心情灰恶，故迁怒于此案。

该案件在当时影响甚大，以致《清史稿·德宗本纪》也提及："十九年十二月癸酉，刑部奏革员周福清于考官途次函通关节，拟杖流，改斩监候。"

周福清之子周用吉秀才功名被革，心情抑郁又兼生病，光绪二十二年(1896)去世。周福清经家人活动，斩监候一直系狱，至光绪二十七年(1901)庚子之变后才得以出狱。

此案除褚成博上疏弹劾外，浙江道监察御史林绍年等也曾上疏弹劾。

林绍年，光绪十四年(1888)任监察御史，光绪十五年(1889)以极谏慈禧不可动用海军经费修颐和园而名噪四海，但被传旨严行申饬。光绪三十年(1904)，上奏呼吁实行立宪改革。光绪三十二年(1906)，以侍郎充军机大臣，兼署邮传部尚书，授度支部侍郎。因得罪庆亲王奕劻等人，光绪三十三年(1907)被排挤出军机，外任河南巡抚。庆亲王奕劻之子载振辞职信因文采优美，林绍年大加赞叹，因而被奕劻所恨。

一般论者认为，此案为周福清向正主考殷如璋而非副主考周锡恩输送关节。而据高阳先生考证,周福清实为向副主考周锡恩输送关节,今采此说。

此案也为清末最后一场科场案。

附：

清代科举史话

第一节 童 试

一、考试备法

秀才一词最早见于《管子·小匡》，有“秀才之能为士者，则足赖也”，亦即能成为士人的优秀人才则足以依赖。先秦文献中往往将有学问和有才能的人称为“秀士”，《吕氏春秋·怀宠》就有“举其秀士而封侯之”的说法。

明洪武十七年(1384)《科举成式》中规定，士子通过童试成为生员以后，才能依次参加乡试、会试、殿试三级考试，秀才也成为生员的别称。明初生员着白衣，洪武二十四年(1391)朝廷命生员着襕衫，俗称士子进学为“脱白挂绿”。

童生要考中秀才，必须参加县、府、学院三级考试。一般人受影视作品影响，以为中秀才极为容易，其实不然。童生要经过三级考试，方能考中秀才。正因考秀才极难而且额数较少，所以清廷赋予秀才若干特权。俗称“秀才为宰相之根苗”，中秀才者进一步参加乡试、会试与殿试被录取后，步入仕途，优者可升至正一品之位。

（一）县试

县考共五场。以知县为主试人。

第一场试《论语》《大学》《中庸》时文一篇，《孟子》文一篇，试帖诗一首。头场发榜。第一名曰案首，前十名为前列，不取者不得入第二场。

第二场试时文一篇，五经文一篇，试帖诗一首，不取者不得入第三场。

第三场考八股文一篇，史论一篇，试帖诗一首，不取者不得入第四场。

第四场试杂作，律赋一篇，古近体诗数首等。

考第五场时县官备饭或点心给考童，因而又称吃终场饭。第五场不再重编名次，而是按照原第四场名次，最多稍易一、二名位置。

一般县学案首肯定入学，亦即必中秀才。前十名基本也能入学，个别的不入但为数较少。

（二）府试

府试由知府将所属各县童生集中考试，其规程一如县考。

五场毕发榜。府有府案首。

县府皆中前十名的考生，称为双前列。

（三）院试

院试规模较大，由学政到各府驻地亲自主试。

学政由皇帝钦点简放，三年一任。大省学政一般为四品以上大员，较小省份学政则放翰林院编修等官员。学政莅省之后，先颁布观风题目于各府县，号称观风，以别于正试。

学政三年两考。第一次为岁考，重在考核秀才的成绩。秀才应考的取录，一等为最优，二等为合格，三等不佳。考列四等，重则斥革，轻则申诫。第二为科考，为录送乡试做准备。科考列三等者，不得参与乡试。童生应入学考试即院试，与岁考和科考同时进行，但与秀才不同场。

正因为由学政主持，所以院试次数较少，每三年仅有两次机会。因而童生通过县试与府试者，每三年也仅有两次参加院试，录取后才能成为秀才。亦可见中秀才之不易。

县试、府试与院试，童生报名应考，都需要由同县廪生担保其身家清白。同县廪生盖印承认，称为认保。另由县学学官派其他廪生，查看属实防止作伪，称为派保。

院试入场时，学政居中点名，廪保排立两行，当面指认考生以防假冒。当时无照相之术，因而认保与派保以防假冒就极为重要。

院试的试题为《论语》《大学》《中庸》题目八股文一，《孟子》题目八股文一，五言八韵试帖诗一首。鸡鸣入场，交卷时不准上灯。

衡文得预取录中的，先挂水牌。预取录中的名额多于一县应取的学额一倍。

第二日覆试。覆试题或作起讲，或作八股文两大比，限香一寸，并默写正场起讲。覆试的主要目的为防假冒，并进一步考查考生文思水平。

覆试毕出正榜。出正榜仪式极为隆重。开正门，放三炮，奏乐并吹打送榜，榜贴于考院照墙。

榜发之后如有考生被告发谓系枪替取中，则单独再召试。如果有文理不通者，则革去秀才。

新进秀才于学院簪花时，学政居大堂向新进秀才训话。

秀才入学簪花时，年少富有者着装华丽。俗例，如已订婚或结婚者，衣着应由岳家赠贺。

（四）秀才

由学政取为附学生员的学子，通称秀才，也称进学。入学宫读书，也叫入泮。学宫大成门外，有泮池，所以入学宫读书称入泮。有入学满六十年的，再赴学宫，称重游泮水。

考中秀才者谒见老师后，随即拜客。刺用双页白柬，以二寸左右红纸束其腰。所拜之人为亲戚及亲友，关系泛泛者亦可投柬。但除至亲外一般辞谢不见，数日后来答拜并缴还拜柬，于柬腰红纸上写“敬缴大柬 恭贺芹喜”八字。所以缴还拜柬，示不敢当之意。只有尊长与业师不予归还。《诗经》有“思乐泮水，薄采其芹”之意，故“入泮”亦称“采芹”。自拜客后，人皆知昔日童生已成为秀才。

清代对秀才管理严格，以防秀才乱政。学宫内有卧碑，卧碑刻石于明伦堂，上刻晓谕生员的文告十三条，要求秀才认真读书、洁身自好。明伦堂位于学宫大成殿前。秀才有犯卧碑条例的，学官予以惩罚，重则革去秀才。

秀才犯法不能用刑。需要移文学官，革去秀才后才能依法处理。对秀才有当场扑责手心的，受责后亦必移文学官。此所以重国家律例，以养士类廉耻。

秀才可应乡试，但应乡试要求极为严格。首先，不能匿丧，即丁父母忧不报而应试者，虽榜发获中亦必遭斥革。童生匿丧应考，也要受到处治。其次，不得冒籍。非本县籍童生而冒籍进学或应乡试的，都要斥革。再次，为大不敬，对孔圣人或清代帝王有失敬行为的，处罚更重。

秀才以应乡试中举人为正途。不中举人由五贡出身者，也属于正途。五贡即恩贡、拔贡、副贡、岁贡和优贡，其中拔贡最优。

拔贡每十二年举拔一次，逢酉年举行。学政于全省每府学中所属秀才加以考试，取成绩最佳、学问最优者，拔取一人为拔贡生。贡入北京，再经朝考后分等第录用。一等以七品小京官用。二、三等以知县用，分发各省，或以本省教谕用。

二、廪生保童生

各直省府厅州县学生员，由学政在岁科试列一等的设额给饩，以次序补，称为廪生。

在学政岁科试中列一等极为不易，因而廪生极为难得。历科优贡与拔贡也均在廪生中产生。各省乡试每科中式的廪生人数，也超过其他秀才。

正是由于廪生名额难得，各州县童生应试时必须由廪生领保，称为认保。又设派保，以互相稽察而慎防弊窦。童生须向廪生支付费用，这也是廪生应得的合法收入。

如果有童生有身家不清，匿三年丧、冒考以及跨考冒籍等，惟廪保是问。有顶名枪替以及怀挟传递各弊者，也惟廪保是问。甚至有曳白割卷，违犯场规、违反功令的，都惟廪保是问。因而廪生责任极重。

正是因为廪保责任重大，所以廪保与童生要么为邻居要么同村，而且可能谊属戚友素相深知，确保不会出问题的，才为童生作保。因要承担一定的风险，廪保会酌量收费。但也有廪保为收入计，无论童生有无才情者均为担保。廪保要签花押，临场考试时要当面认识称为唱保。

三、录遗

“录遗”是取得乡试资格的途径之一。

向例，童生应试取中入学成为俗称秀才的生员以后，每年须应考一次，称为岁试。在乡试前一年，有科试。即由一省学政巡行全省，集合一府生员，出题考试，具取中在一等、二等及三等的前三名，下一年方准上省乡试。

但上一年科试未经录取，或者因病、因事不能参加延试，还有一个补考的机会，就是“录遗”。

照定制是在乡试之前一个月，在省城举行。这也是朝廷唯恐阻人上进而补开正途、广罗遗才的一番安排。

四、县试文破题

清朝初年时，嘉兴县县试全案除前两名外其他名次已定。因有甲乙二人文笔并佳，不能确定案首。

县官以《四书》命各作一破题。甲所作破题：“圣贤立言之先，得天象也。”乙作破题：“圣贤立言之先，无方体也。”

甲作破题以天象入手，远优于乙。因是定甲为案首。

后二人皆中进士，而且均升高官，但结局不同。甲官至大学士，以功名终。乙官至巡抚，因事被杀。

五、邓廷桢屡踬童试

邓廷桢少时贫穷，屡次童试不过。

未考中秀才前读书瓦官寺，更加用功。并自拟一联：“满盘打算，绝无半点生机，饿死不如读死；仔细思量，仍有一条出路，文通即是运通。”

未几中秀才，中举人，联捷成进士。后升任安徽巡抚、两广总督、闽浙总督等职。

六、潘世恩应县试

吴江潘世恩应县试时，终日端坐不离席。

县令李逢春大为惊异，拔置前列。并出对“范文正以天下自任”，潘世恩对“韩昌黎为百世之师”。又出对“青云直上”，潘世恩对“朱绂方来”。

李逢春认为潘世恩日后必大贵，后果中状元，并升大学士、入军机。

大学士入军机号称“真宰相”，时人称之状元宰相。有人赠以联：“大富贵亦寿考，蓄道德能文章。”

七、王昶重游泮水

中秀才六十年者，有重游泮水之制。

青浦王昶于乾隆辛酉年(1741)中秀才，至嘉庆庚申年(1800)，适当花甲一周，时年七十七岁。学政钱樾送王昶重游泮水。

王昶乘八人肩舆，花翎蟒服。率领新生诣圣庙，盘辟雅拜。青浦县令卢某谨随于后。

八、阮元阅院试夹带

阮元为学政时，如搜出生童夹带必亲加细阅。如果夹带系童生亲手所抄，而且略有条理者，并不影响其入学。如果是请人代抄录，即照例罪斥。

以上记载见曾国藩《谕子书》。曾国藩也说过：“作时文宜先讲辞藻。欲求辞藻富丽，不可不分类抄撮体面话头。”

九、七十岁童生应院试

湖北某童生年龄七十有余，才首次参加院试。自言功夫纯熟后才能参加考试。

学政见其年龄如此之大，又是首次观场，便出题考试。学政取

《四子书》各首句并作一题要求老童生破题："大学之道，天命之谓性，学而时习之，孟子见梁惠王。"

老童生应声而言："道本乎天，家修而廷献也。"

学使叹服，即录取童生为秀才。

十、吴大澂命院试题

左宗棠任陕甘总督时，奏请陕甘乡试分闱。未分闱之前，甘肃士子考试要赴西安。自光绪元年(1875)乙亥恩科开始，以陕甘总督左宗棠之请，陕西甘肃分闱。

自光绪二年(1876)，甘肃学政设专职。吴大澂任首任甘肃学政。当时左宗棠率师肃清关内，正在布置恢复新疆之策。左宗棠一直以诸葛亮自命，平时与友人书札常署名为今亮。吴大澂下车观风，即以"诸葛大名垂宇宙"命题。

左宗棠闻之大喜。次日，左宗棠接见司道官员时，故意问新学使昨日观风所命何题？司道官员以"诸葛大名垂宇宙"回答。左宗棠捻髭微笑，不语良久，才慢慢说："岂敢岂敢！"

十一、王光禄随父应岁科考

嘉定王光禄的父亲是老童生，屡试不中。王光禄未中秀才前每次考试，其父与其一起参加考试。但其父屡列榜尾，而王光禄则常居首位。

某次应试，王光禄父子同场。其父说，我们将试卷互换以试学政眼力。王光禄与其父互换试卷，但榜发后王光禄仍居前列。

王光禄中举人进士居官后，其父仍是童生，仍扶杖应试。

时任学政为王光禄同年，对王光禄父亲说："老年伯何苦这么大年纪还应试?"王光禄父亲正色回答："你错了。大丈夫奋志科名应该自得，如果依仗儿辈之福而自暴自弃很以为耻。”

十二、误解古学题义

张之洞任四川学政时，至某府考试。题目为古学诗，题为“柴、米、油、盐、酱、醋、茶”七题。有一考生所作的诗虽然颇为切典，但所用典都与产妇有关。

张之洞很是奇怪。仔细想来是因为题下有细注，称“须切家人生产事也。”而考生显然将此“生产”误为产妇产子。张之洞遂大笑不已。

第二节　乡　　试

一、贡院

乡试考场为贡院。

顺天贡院既为乡试考场，也为会试考场。

贡院头门前大牌楼书“辟门吁俊”，左牌楼书“明经取士”，右牌楼书“为国求贤”。

贡院头门为龙门，进入龙门两旁称为龙腮。大堂为至公堂。在大堂甬道中，建高楼即明远楼。大堂最后进称衡鉴堂，主考官与同考官居中阅卷。

奉调阅卷者为内帘，不阅卷而在考试场中执事者为外帘。阅卷官及其随从人员不得出帘外，执事官员人等不得入帘内。同考官公馆门首，大书调帘回避。帘以内内监试主持，帘以外外监试主持，关防极为严密。

乡试每省例放正副主考官各一人。符合条件的官员，先应考差。通过考差考试的官员，由皇帝钦点各省正副主考官。正副主考官按驿站计日前行，于八月初抵省。沿途乘轿，轿贴封条，禁绝关防，以防交节。抵省后督抚迎之入闱。

乡试以巡抚为监临，清初则以布政使为监临。监临之职责任重大，即谓总监贡院内外事。

主考官入闱按例乘显轿，由八人抬轿。主考官朝衣朝冠，轿无顶篷。显轿只有监临与正副主考官有资格乘坐。轿后随有抬盒一具，盒内载腰斩所用之铡，亦即清廷对主考犯科场大罪的刑具。虽然自雍正朝罢腰斩之刑，但主考官入场仍用此具备于轿后，以作为形式上的必需之物，以示如主考官有违反考规将处以严刑峻法。

乡试执事官员以监临为主体，称内监试，向例以知府担任。同考官由进士出身之知县担任，阅文荐卷于主考官。

内监试管理内帘事务，另设外监试管理帘以外事务。设提调官专司场屋杂务。帘内书籍食用所需由场外输入，不过都通过矮墙运入，不得由门出入。甚至有人病死在闱内者，也不得由门出入，而是通过墙头运出。

收卷后同考官阅卷，有合意者向主考官荐卷。同考官荐卷未取者，称出房。因额已满而不能录取者，称堂备。按惯例，解元必归正主考官取中，亚元归副主考官取中。

发榜之夕诸官均集于大堂，按卷拆弥封写榜。按惯例，榜式自第六名写起，留前五名空白。自正榜以至副榜全部写完，再填写榜首五名。前五名称五魁。第一名称解元，第二名称亚元。

榜发后，各考官离开贡院，称为出闱。

中式士子称主考官为座师，称同考官为房师，称其余考官为受知师。

举人试卷，需要解礼部磨勘，以防作弊及阅卷不公。礼部派磨勘官，磨勘中式卷有无犯规或关节嫌疑。有问题者大则治罪，次则革去举人，或罚停三科或一科不准参加会试。

顺天乡试，监临以顺天府尹担任。正副主考官均为二、三品大员。南北省秀才、贡生、监生可以参加应试，但不得中解元。

解元例中北省人，第二名中南省人称为南元。光绪乙酉科通州张謇即中顺天乡试南元。

举人考不中进士而欲入仕的，可三年一次赴大挑，由王公大臣验看挑取。大挑一等以知县用，分发各省。二等以教谕回本省补缺。举人大挑未中的，可考宗室景山各官学教习，或国史及实录各馆誊录。

二、乡试分编字号

乾隆元年(1736)，据礼部奏准，顺天乡试皿字号分南皿、北皿、中皿。顺天乡试除北皿、南皿字号，照旧额各取三十九名外，云南、贵州、四川、广西另编中皿字号。十五名取中一名，零数过半，准加中一名。人数不及十五仍算入南皿，不必另编中皿字号。

顺天乡试根据不同省份分编字号名目。贝皿为直隶生员。北皿为奉天、直隶、山东、山西、河南、陕西贡监生。南皿为江南、江西、浙江、福建、湖广、广东贡监生。中皿为云南、贵州、四川、广西贡监生。

夹号为奉天考生，旦号为宣化考生，卤号为天津商籍赴试考生。

山东乡试有耳字号，为孔、颜、曾、孟四氏。

陕西乡试有丁字号，为宁夏府。聿左字号，为关内之叙州关外之安肃、镇西、迪化。聿右字号，为甘州西宁。

福建乡试有至字号，即台湾考生。

乡试分编字号主要为分省取中。试卷送入内帘时画疆分界，因地取材，以平解额，不致有得失偏枯之患。

至光绪年间陕甘分省乡试以及台湾割让后，撤销聿、至两字号。

三、考试籍贯

考试士子的籍贯有民籍、商籍、灶籍、旗籍。旗籍为满、蒙、汉军八旗。

设科取士，士子起家应童子试，即分属各籍。籍有儒、官、民、军、医、匠等类。各士子试于户籍所在地，不得在其他地应试。

四、清初顺天乡试正考官

清初顺天乡试正考官多以前一科状元担任，至康熙初年几成定制。但相关规定也有弊端。既然能预先知道下科主考官人选，于是一时奔走声气先期辐辏其门，因而场屋中多有幸进。

状元归允肃担任顺天乡试主考官后，撰文自誓不通关节。榜发后，录取者多为寒峻之士，下第者哗然，有人希图借机兴起大狱。时任刑部尚书魏象枢为归允肃排解，外议方才平息。但此后顺天乡试，不再令新状元担任主考。

归允肃，江南苏州府常熟县人，康熙十八年(1679)己未科状元。议政事持正不阿，后以疾告归。

五、会试及顺天乡试钦命题目之始

乡会试日期最早由顺治二年(1645)所定。以秋八月举行乡试，初九日第一场，十二日第二场，十五日第三场。先一日，放进点名。次一日，交卷放出。次年春二月会试。

如遇有恩科与正科年份重叠等特殊情况，也有过春天举行乡试、秋天举行会试，不过为特例，极少。

清初乡会试三场，都由主考出题。自顺治十五年(1658)后，会试及顺天乡试头场《四书》三题，由钦命出题后，密封，送内帘官刊印颁发。

六、考差

如想在乡会试中担任考官，须先参加考差。考试通过者，开名单进呈御览。候皇帝朱笔点圈，被圈者方得考差。

考差向用《四书》文二篇，试帖诗一首。嘉庆二十四年(1819)，裁《四书》文一篇，改用经文一篇。考差时间在子、午、卯、酉年的四月。

三品以下的翰詹等官员都可参加考试。记名者获得放差资格。

考差包括学差、试差与同考差。学差为各省学政，试差为各省正副主考官。同考差为顺天乡试与会试的同考官。

七、神差鬼遣

有一科考差，钦命诗题“尚贤兴功”得“官”字。考试者大都不知题旨何出，因而无从下笔。龚履中曾任职兵部，称在兵部时曾见堂上有此四字匾额，兵部是夏官，题旨可能出自《周礼》。

同考者认为龚履中长厚，不疑其说假，但总不敢轻信。有人以“人才贡夏官”五字，在第一联押“官”韵，后乃得一房差。

但龚履中不但“夏官”二字不敢用，且“周官”二字也不敢用，最终没能得差。

当时有一打油诗嘲不得差者，云：“自从云贵盼山东，盼到山东又落空。学政乡房都过了，团圆家宴月明中。”因云贵路远，所以先放云南、贵州。而其他都放之后，没有得中考差的只有在家度中秋了，因中秋前该放的都会放毕。

规定放各省乡试考官，云南、贵州以四月下旬，广东、广西、福建以五月上旬，四川、湖南、甘肃以五月中旬，湖北、浙江、江西以六月上旬，陕西、江南以六月中旬，山东、山西、河南以七月上旬，先后题请钦命正副考官各一员，即行知名省。

如五、六、七月遇闰月仍分别省份奏明，展限一月。如遇皇帝出巡时，则酌量道里远近，前期发报具题。

八、乡会试改策论表判

康熙二年(1663)八月，礼部遵旨议覆乡会考试停止八股文，改用策、论、表、判。

头场策五篇。二场论二篇，表一篇，判五道。从康熙三年(1664)甲辰科为始，康熙六年(1667)丁未科会试同样如此。

但康熙九年(1670)庚戌科重新回到原来三场。

九、考试用五言八韵诗

乾隆二十二年(1757)丁丑科，乡试与会试开始用五言八韵诗即试帖诗，取消表和判。表和判有易猜中题目之嫌，乾隆帝因而取消表和判而改试五言八韵诗。

有文名素著但不能为八韵诗，也有八韵诗工而非文名素著之人。郎中项家达虽不以诗名家，但八韵诗极工。项家达参加某年考差，题为“王道如龙首”得“龙”字，五六句云：“讵必全身现，能令众体从。”

国子监祭酒吴锡麒于诸作外也工八韵诗，但参加道光三十年

(1850)考差,题为“林表明霁色”得“寒”字。吴锡麟颈联下句云:“照破万家寒。”阅卷者大惊,说此卷有破、家二字断不可取。吴锡麟卷由是斥落,未得考差。

十、试差名次不揭晓

乾隆中期前御试开列试差诸臣,都发出等第名次。

至乾隆四十二年(1777)三月考试,不再发出差单名次。

两年后考差又改为发出等第名次。此后开始密定考差名次,不再揭晓名次。

十一、雍正帝复浙人乡会试

雍正四年(1726),雍正帝因为浙江人查嗣庭、汪景祺诗文悖逆、风气恶薄,于是下诏停止浙江乡会试。两年后,任命王国栋为观风整俗使到浙江巡察。

王国栋到浙江不久,与总督李卫与学政王兰生先后上奏,称浙江人感天子教育之恩,洗心涤虑,痛自湔除。

雍正帝知道浙江人改过自新后,随即降旨准复浙江重新开科。

十二、科场加恩大员子弟

科场定例,现任京官三品以上及翰詹科道、外官藩臬以上、武官提镇以上的子孙、同胞兄弟、同胞兄弟的儿子出应乡试,别编官卷,号官生。

官生二十人取中一名,相较寻常参考科考者较易。

十三、地有湖山美

乾隆四十二年(1777)丁酉科,彭元瑞主试浙江,以“地有湖山美”为诗题，得“梅”字。

宋真宗曾有诗“地有吴山美，东南第一州”。而彭元瑞将“吴”误作“湖”，于是彭元瑞自请议处罚俸。

但从此文人学士遂以“湖山有美”作诗料。彭元瑞负一代盛名，改“吴”作“湖”，句法尤浑括而有味。

十四、主考举人出身

清初主考官经常选拔由举人出身之人，雍正时依然如此。

此后则几乎没有主考官由举人出身之人。

十五、钱载乡会试题同

钱载于雍正十年(1732)壬子科参加浙江乡试中副榜。乾隆三十七年(1772)壬辰科会试在八月举行，中进士。

壬辰科会试题目与壬子科浙闱的题目相同，而且同在八月。

会试举行于秋天，壬辰科为唯一一次。

十六、朱鸿灏乡会试题同名次同

咸丰九年(1859)己未科，福建乡试题为“大学之道”四字。第二年庚申科会试题目也是“大学之道”。

福建人朱鸿灏己未、庚申联捷，而且均中第六名。

所谓题同而名次亦同。

十七、四川乡试

光绪帝以宗支入嗣，因而讳言名正与否。因而各省乡试，考官命题颇有忌讳。

光绪二十年(1894)甲午科四川省乡试，正主考官为朱琛，副主考官为徐仁铸。第一题为“必也正名乎”。

主考官朱琛请假回籍，副主考官徐仁铸先回京。光绪帝召见询问：“何名之可正？”徐仁铸回答：“向例正考官出第一题、第三题，副考官出第二题及诗题。”

未几举行大计，朱琛免职。

十八、蒲松龄论乡试情形

蒲松龄曾撰有论乡试情形之文，将士子等待消息时的心理刻画入微。

蒲松龄虽十九岁即中秀才，但屡次参加乡试不中。参加乡试的次数达十余次，但屡试不第，抱憾终生。乡试考试运气也极为重要，至少有两次本来答卷极为满意，但因污渍试卷等原因，不能取中。

直到蒲松龄七十一岁时，朝廷根据政策予以安抚，补为贡生。然非如此，不足以撰《聊斋志异》。否则多一庸俗官人，少一著名文学家也。

据清人笔记称，蒲松龄因著有《聊斋志异》，因而在考场时有群鬼环绕不得一中。

十九、山左乡试之策

康熙初，有某生参加乡试，策问天文。

该生不懂天文，偶忆地理一篇，遂聊以充数，但自谓肯定无望。但榜发竟然考中。

等领卷，卷上有批：“题问天文而兼言地理，可称博雅之士。”

二十、马世琪乡试交白卷

马世琪夙以工制举文，名显江南。某年应乡试，试题为“渊渊其渊”。马世琪求胜之心太切，不肯轻易落笔，但到次日竟然不得一字。放牌出场时，其他考生纷纷出闱。

马世琪见状口占一诗，题于卷上。诗为：“渊渊其渊实难题，闷煞江南马世琪。一本白卷交还你，状元归去马如飞。”

题诗毕，扬长而出。到后一科，马世琪竟然联捷，大魁于天下。

以上实为小说家言。顺治十八年(1661)辛丑科状元为马世俊，而且不是联捷。中状元者无马世琪。

二十一、庚子乡试

光绪二十六年(1900)庚子科乡试，各省照常简放乡试正副主考官。但因为当年八国联军攻入北京，停止考试者有十一省。

考官多中途折回，或赴当时慈禧与光绪帝所驻之地西安，或留在他省。当年十月简放学政，此前放考官折回任学政者有十一人。

第二年辛丑六月补行乡试者有五省，为甘肃、广东、广西、云南、贵州。

二十二、吴昹改名失乡举

吴昹，江苏华亭人，曾梦神说：“改名三省，可获隽。”

康熙十四年(1675)乙卯科乡试揭晓，在至公堂填榜，唱到吴三省的名字时，监临愕然，将吴三省名字去除。因当时吴三桂方称兵作乱，而吴三省大犯忌讳。

吴三省任宜兴训导，后升溧阳教谕。

二十三、袁枚捐监应乡试

袁枚在京师教私塾，捐监后应乾隆三年(1738)戊午科顺天乡试，得中。第二年己未联捷成进士，中二甲第五名，改庶吉士，进翰林院学习。

散馆后改任知县，袁枚大为沮丧。乾隆九年(1744)，任江苏乡试同考官。任县令七年后，乾隆十四年(1749)辞官隐居。广收诗弟子，女弟子犹多。人称随园先生，著述颇丰。

清代诗坛上，袁枚以其“性灵说”诗论独树一帜，一改清诗风貌，贡献斐然。

二十四、乡试落第举子谒主司

旧例，每科各直省乡试揭晓后，中式者谒见考官，绝没有下第者谒见之说。

陈兆仑文章德业为世儒宗，乾隆元年(1736)参加博学宏词科，授翰林院编修。某科任湖北主考官，将闱中落卷也一一别其优劣，明白批示。发卷后下第士子纷纷求见，均指以要领，各得其意而去。

中有刘龙光闻其评点，感激欣喜流涕。次科联捷成进士，后任监察御史。终其一生，对陈兆仑执弟子礼不衰。

二十五、顺天乡试之解元

顺天乡试，例于呈进中式前十卷。

乾隆三十六年(1771)辛卯科，乾隆帝以解元文不够好，将其移至第三，而以南元即第二名为第一。

有奏事太监曹某奏称，顺天乡榜向以顺天人置第一。于是仍如其旧。

二十六、冯成修重赴鹿鸣

冯成修，广东人，小时牧牛，三十四岁时才中秀才。第二年，中举人，联捷中进士，改庶吉士，散馆任部曹。任福建主考官时，取解元蓝彩元。

此前，蓝彩元为副考官王安国所欣赏，想要让蓝彩元得解元，但正考官不许。王安国大怒，称不要将其取中举人，我就不信他得不了解元。二十年后，蓝彩元方得解元。王安国大喜，但蓝彩元已老。

冯成修曾任贵州学政，很快因事罢归。年八十时，与夫人重拜花烛。自题对联："子未必肖，孙未必贤，屡忝科名，只为老年娱晚景；夫岂能刚，妻岂能顺，重烧花烛，幸邀天眷锡遐龄。"

中进士满六十年时，重赴鹿鸣。

二十七、江南乡试之丽六卷

徐鑅庆有隽才，跅弛不羁。

道光二十九年(1849)己酉科乡试二场考完后，饮于秦淮妓艇，大醉不醒，因而第三场误点名未能入场。

但第三场未考时其卷已中解元。放榜前，闱中遍求第三场卷而不得。主考官叹惋累日，只好将其除名另取他人。

刊程墨时录其文于解元之前，不刊名而刊红号，称"丽六"。徐鑅庆赋诗自嘲称："虚名丽六流传遍，下第江南第一人。"

二十八、江南冬行乡试

同治三年(1864)，清军收复南京。当年冬，两江总督曾国藩奏请补行江南乡试。乡试在冬天，故不称秋闱，而称冬闱。人称桂树冬荣。

该科解元为江璧，第三人为吴大澂。

曾国藩与主考官刘琨执杯相庆。称江璧二字，为江南肃清江南完璧之义；吴大澂三字，寓意三吴澄清。

当时号称"江南完璧，三吴澄清"。

二十九、王綍阅乡试卷之难

王綍参加顺天乡试，中南元，联捷中进士，改庶吉士，后任职吏部。曾任福建主考官，得士称盛。

王綍曾经对人说："曾得一卷，全体称意，而中有小疵，终觉不惬，竟摈之。又有一卷，文平平，而有数警句，爱不忍释，则姑置榜尾。暗中摸索，自信鉴空衡平之不易也。"

所谓"场中莫论文"之谓也。

三十、大挑原始

举人大挑始于乾隆三十一年(1766)丙戌科。

吏部议，一等用知县者，可借补府经历，直隶州州同、州判，属州州同、州判，县丞，盐大使，藩库大使，共九班。

二等以学正、教谕用，可借补训导，凡三班。

当时称之九流三教。

第三节　会　　试

一、会试总裁及顺天乡试员数

嘉庆以前，会试总裁多一正两副。

嘉庆四年(1799)己未科始，会试总裁一正三副。

自同治三年(1864)甲子科始，顺天乡试总裁也为一正三副。

二、顺治丙戌会试中四百名

顺治三年(1646)丙戌科会试，为有清一代首次会试。

礼部奏，宜增广人数以收人才。顺治帝下旨称，开科之始人文宜广，定中式额数增加至四百名，同考官二十员。后不为例。

顺治六年(1649)己丑科会试，也是取中四百人，阁臣七人典试。前代未有。当时两广初定，二甲进士授参议，三甲进士授知府。也为后代所无。

三、会试满汉分榜

顺治九年(1652)壬辰、十二年(1655)乙未春闱两科，分满、汉二榜，各有三鼎甲及二甲、三甲，其后则合为一榜。

因而清代举行会试共112科，有114名状元。

四、秦小岘会试知贡举之异数

旧制，会试知贡举非进士出身不得担任。

嘉庆十四年(1809)，特命刑部右侍郎无锡秦瀛知贡举。

秦瀛为举人出身，当时人称其担任知贡举为异数。

秦瀛，字小岘，博学善古文，但书法非其所长。有一年乾隆帝东巡泰山，有试典之诏，秦瀛也去应试。船过清江浦时，花五文钱在书摊上购得一本旧书。书中记有一条：东方三大者，泰山、东海、孔林也。考试试题正是《东方三大赋》。试官选报皇帝的试卷，没有一篇中意。而秦瀛的文章因为书法太劣，早置之不理，因无中意的试卷，试官才又将秦瀛的文章送上。结果乾隆帝大为欣赏，御笔频频圈点，拔为第一。立授秦瀛为中书舍人，入值军机处。此后官运亨通，升为刑部右侍郎、仓场总督。

五、会试时皮衣不去面

清初，考试查禁怀挟极严。

有的会试士子将文字抄成小本，缝于衣裘中。为禁止将文字藏于衣中，于是有皮衣去面、毡衣去里之例。但会试在三月，当时北京天气严寒，士子着裘者入场时因都去其面，所以皮衣一色皆白。

乾隆十年（1745）乙丑科，乾隆帝降谕："春月会试，风檐之下，非衣裘不足以御寒。若将制就皮衣悉令去其裼袭，应试多人，既不免改造之费，亦非所以饰观瞻也。着将皮衣去面之例停止。"

六、会试易表判为诗

乾隆二十二年（1757）丁丑科会试，奉旨易表判为诗，置经文于二场。

永着为例。

七、会试有贡士谢恩折

会试发榜，礼部必代贡士拟谢恩折。

乾隆二十二年（1757）丁丑科，贡士谢恩折为贡士所自撰。领衔者为龚起，其词有"稽千佛之名经，载云从之诗"等句。

乾隆帝下谕申斥，称"千佛名经，乃唐人下第者欣羡之词"，语甚粗鄙。称龚起等草茅之士未谙体制尚无足责，而礼部堂官据词入奏何以不加检点？

唐张柬之之孙张倬落第，捧《登科记》置于顶戴，称此为"千佛名经"。此为千佛名经来源，故乾隆帝称其为唐人下第者之词。

八、停会试明通榜

乾隆五十五年（1790）庚戌科以前会试有明通榜。列明通榜者例得内阁中书。明通榜主要是从遗卷中取中。

王苞孙素有才名，和珅想收在门下，但王苞孙拒绝，和珅大恨。

庚戌科会试王苞孙中明通榜，和珅特奏停止明通榜，以断王苞孙得内阁中书之路。

会试明通榜遂自庚戌永远停止。

九、会试同考觅穆公子卷

陈源兖以气节自高，与曾国藩为密友。陈源兖任职翰林院编修时，任会试同考官。

首辅穆彰阿有子参加会试，同考官十八人都是穆彰阿门下之士。其他十七人争着找穆彰阿儿子的试卷，唯独顾忌陈源兖方正。

而穆彰阿儿子之卷正好在陈源兖之房，以其艺劣未荐。同事找到后告诉陈源兖该试卷是穆彰阿之子，希望他能向主考推荐。但陈源兖不但不荐，而且对该卷赶快予以批抹，卷面狼藉，终不能荐。

穆彰阿亦无可奈何。

十、慈禧拟作会试试帖

传慈禧太后工试帖诗，经常拟作。

同治四年(1865)乙丑科会试，诗题“芦笋生时柳絮飞”得“生”字。拟作“南浦篙三尺，东风笛一声。鸥波连夜雨，萍迹故乡情”。

同治十二年(1873)癸酉科考差，诗题“江南江北青山多”得“山”字。拟作“雨后螺深浅，风前雁往还。舍连春水泛，峰杂夏云间”。

慈禧太后曾有诗，虽全诗不太知名，但其中一句几乎尽人皆知，即“可怜天下父母心”。

全诗为：“世间爹妈情最真，泪血溶入儿女身。殚竭心力终为子，可怜天下父母心。”

十一、王鹏运会试诗出韵

王鹏运光绪六年（1880）庚辰科应会试，诗题“静对琴书百虑清”得“清”字。王鹏运末联用“离尘”二字，出韵。卷经同考官廖寿丰呈荐，主考批此卷拟中已三日。覆阅诗末出韵，虽觉可惜但无奈摈之。

王鹏运雅擅倚声，夙研宫律，四声阴阳剖析精审，但作试帖诗却真庚韵相混淆，实为匪夷所思。

王鹏运曾说，得进士“是有命焉，不可幸而致也”。

十二、学问名家

有清一代经史、辞章、训诂、考订各种有用之学，名家蔚起，冠绝前朝。时人称，凡得科名者未必有学问，而有学问者亦可得科名。

学问不为举业所限制，有诸多原因。一是继承家学，二是各有师承。虽咸丰以至光绪中叶，士不读书，而研究实学之风仍遍于全国。

十三、康有为中举

光绪十九年（1893）癸巳恩科乡试，顾璜任广东正主考，吴郁生为副主考。临行出京，二人谒见徐桐。徐桐告诫二人，不得取中康有为。因康有为虽文笔甚佳，但醉心《公羊》邪说，离经叛道，为天下之乱人。如果获中，必须设法抽落更换。

衡鉴堂阅卷时，吴郁生得一卷，文字最佳，称此卷当抡元。而向例正主考拟解元，副主考拟亚元。吴郁生与顾璜相商，欲将此卷归正主考中解，而顾璜易正主考一卷归吴郁生中亚元，但顾璜不肯。经同考官调停，以此卷中第六名为开榜。

向例写榜，前五名为五经魁留最后写，从第六名开写。及唱名，第六名正是康有为。

顾璜与吴郁生相视无语，都想起徐侗告诫之语，踌躇无计。写榜者不知，已落笔写就第六名。已开始拆第七本弥封。顾、吴两人相视皱眉，莫可如何。

光绪二十一年（1895）乙未科会试，徐侗为正总裁。康有为在进呈前十本中，写榜时康有为已经审定不可更换。徐桐面红耳热，事经钦定不能移动，只叹康有为科名幸运而已。

徐桐出闱后见顾璜、吴郁生，称康有为由我自中，始知科名前定，不敢再责难二公矣。

梁启超与康有为同时参加乙未科会试。科场会试四总裁，按中额多寡平均其数，各定取舍，畸零则定为公额。李文田极为欣赏梁启超卷，欲取中但额已满，希望求徐桐中公额，但徐桐不许。李文田不敢争，遂取梁启超卷，批其尾云："还君明珠双泪垂，恨不相逢未嫁时。"

后梁启超创设《时务报》，痛诋科举。

康有为卷亦李文田所拔，但未能点翰林，亦渐萌变法之志。

十四、会场试帖

某省某海关道员，家赀颇富，人多相妒。某科，其子两人同榜中式，人谓其子本不通，且两子同榜显有场弊。经言官奏参，奉旨查办。

查办者开手以调阅试卷为先。二人三场文字甚为平庸，而试帖有"落日照桑摊"一句则奇劣。

会办者商议，看此文字决非枪替，因枪替不可能写出如此拙劣文字。而此外又别无关节破绽可寻，若仅以此诗句指为文理荒谬，但试帖诗向不苛求。且“桑摊”二字，或者别有僻典？

实际上大家亦无意兴起大狱，于是从宽发落，免予追究。

十五、难论常理

会试后虽有磨勘，但也有磨勘未查出问题的。

光绪三年(1877)丁丑科会试，有与试者首场诗中“痕”字讹为“浪”字，系属失黏。虽然当时检出，但未即改正，遂忙而交卷。场后急欲回家，以为必难侥幸得中。但榜发后竟中。

谒见同考官者，看原卷“浪”字果然未改，以为磨勘一定罚科，即不能参加殿试，于告殿归去，以待下科补殿。但后来磨勘，居然无事。

中后不殿试，谓之告殿。下科补试，谓之补殿。

第四节　殿　　试

一、应殿试说法

应殿试者于卷中自署“应殿试举人臣某，年若干岁，某省某府州县人，由某生(有官者兼书其官)应某年本省(或顺天)乡试中式，由举人(有官者兼书其官)应某年会试中式，恭应殿试”，此为通例。进士之赐须俟殿试结束后，会试通过者还不是进士，所以仍称“应殿试举人”。

同治二年(1863)癸亥恩科，该科状元翁曾源则写：“应殿试贡士臣翁曾源，年二十七岁，江苏苏州府常熟县人，由钦赐举人考取国子监学正学录，于同治元年钦赐进士，恭应殿试”。因为此前翁曾源已赐进士一体殿试，所以不能称“应殿试举人”。虽然已赐进士，但毕竟未参加殿试，所以自称“应殿试贡士”。

翁曾源为翁心存之孙、翁同书之子、翁同龢之侄。先后恩赐举人、进士，没有参加过乡试与会试而直接应殿试，结果大魁天下。也是唯一一位只参加过殿试的状元。

其时翁同书方以剿寇失机论死，翁心存为帝师以子罪不测辄戚戚，故慈安太后与慈禧太后特沛殊恩，以慰其心。同治元年(1862)，大学士衔管理工部事务翁心存殁后，其孙举人翁曾源着赏给进士，准其一体殿试。另一孙翁曾荣着赏给举人，准其一体会试。

虽然翁曾源中了状元，但其有羊角风病，不能出仕任职。

有野史称，翁曾源不出仕任职另有缘故。翁曾源仪貌秀美，入翰林院未久即有旨召见。入对，但只有慈禧太后独坐便殿，温言问其学业等非常详尽。慈禧突然说，李商隐诗有“身无彩凤双飞翼，心有灵犀一点通”，但觉得不好，欲改为“灵犀一点有心通”似胜原句，但上句很难改，要翁曾源为她改。翁曾源听后大惊，战栗不知所对。良久，慈禧太后大笑，令太监引曾源出殿。翁曾源归告翁同龢，翁同龢亦大惊失色，翁曾源即日佯狂移疾归。

二、挖补

殿试之制，贡士对策已毕，交收卷官，封送阅卷大臣审阅。

光绪二十年(1894)甲午恩科所派收卷官有黄思永。至张謇交卷时，黄思永与张謇为旧识，因而迎而受之。

张謇交卷出场，黄思永展阅其卷，发现中间有一字空白，原来是挖补错误后又忘填。黄思永即取笔墨，为之补书。盖收卷诸公例携笔墨，以备成全修改，由来已久。

张謇卷又有抬头错误，“恩”字误作单抬，黄思永又于“恩”字上为之补一“圣”字。

黄思永补后送翁同龢阅定，因为他知张謇为翁同龢所极赏的门生。因此机缘，张謇遂大魁天下。如果此卷不遇黄思永成全，那么因内有漏字及抬写错误，将置于三甲之末。此事也可证明，状元归属偶然性极大。

向来八大臣阅卷，每以阅卷者次序定甲第之次序，所谓公同阅定者只是虚语。翁同龢必欲张謇得状元，但排在第一的阅卷官张之万不许。另一读卷官李鸿藻相助翁同龢，张之万无奈，勉强同意翁同龢。因而张謇得中状元。

三、朝考殿试重楷法

朝廷重视翰林，但取之之道更重楷法。殿试用大卷，朝考用白折，阅卷者偏重楷法，乃置文字一途反为小道。一字之破体，一点之污损，皆足以失进翰林院的机会。这种流毒，实为道光朝大学士曹振镛所致。

道光帝以阅疏太烦为苦，曹振镛教以挑剔小过误字加以严谴，则臣庶震慑封事自稀，可不劳而治。道光帝深以为是，自是臣工专注书写。其后廷试亦专剔误字，桎梏天下人才，实曹振镛之罪。

传曹振镛晚年颇以为悔，故有人获闻。

四、有关状元

顺治三年(1646)丙戌科会试为清开国第一科，山东聊城傅以渐为状元。傅以渐为傅斯年远祖。

由丙戌截至光绪三十年(1904)甲辰科末代科举，计共得一百十二科，扣除满状元二人，共状元一百十二人。

状元中东三省、山西、甘肃、云南均无人。

江苏一省几得半数。苏州一府计二十三人，将近一半之半。

江苏、浙江文风相埒，不过浙江一省尚不及苏州一府。

其他各省或不及十人，或五六人，或一二人。

五、满榜状元

顺治九年(1652)，首位满族状元麻勒吉，满洲正黄旗人。顺治十二年(1655)，满榜乙未科状元图尔宸，满族正白旗人。

后满榜废止。

康熙八年(1669)规定，旗人与汉人一起考试汉文，不入三鼎甲。

但同治四年(1865)乙丑科，蒙古人崇绮得中状元。据传当时蒙古王爷僧格林沁剿捻阵亡，清廷为慰蒙古人之心，所以取中蒙古人崇绮为状元。

六、清朝初年状元多补应殿试

清朝状元康熙以前多有补应殿试而得中状元的。如顺治九年(1652)壬辰科邹忠倚，康熙三年(1664)甲辰科严我斯，康熙三十九年(1700)庚辰科汪绎。

后规定补殿者，不可进入前十名。

七、殿试进呈前十本之始

殿试卷先拟十本进呈恭候钦定名次，自康熙二十四年(1685)乙未科会试开始。

乾隆二十五年(1760)庚辰科殿试，秦蕙田等认为十本外尚有佳卷，特旨许以十二本进呈，是科十四名以前并入翰林。

同治以来二甲二十名前均入翰林，基本成为潜规则。

乾隆六十年(1795)乙卯恩科，和珅读卷以无佳卷，止取八本进呈御览。

八、进士殿试之胪唱

进士及第例有胪唱。

皇帝将升殿时，丹陛上有一曲柄黄伞。殿下盘一巨绳，长逾数丈。待殿上有人称“鸣鞭”，有一人手执绳头，抖擞扑地，声震殿瓦，如是者三。然后皇帝即升殿。

胪凡五唱，第一甲第一名某，第二名某，第三名某，二甲第一名某等，三甲第一名某等。

首引一甲三名，跪于前头，次引二甲一名，又次引三甲一名，向前跪。旋即鸣赞行礼奏乐。

迨礼毕，三鼎甲出正阳门，骑马归，礼官送之及第而返，此所谓及第。榜眼探花送状元归第，探花送榜眼归第。探花自归第，无人送。

虽然名称归第，实归其本省会馆。就算有人有私第，必先至会馆而后归。会馆中人先已召集名伶演剧，张盛筵，待贺客，而且历科鼎甲之在京者毕至。

二甲以下，则由旁门出。

九、陈继昌力疾应殿试

嘉庆二十五年(1820)庚辰科陈继昌殿试时，身患疾病，但力疾对策，只是勉强完卷而已。

阅卷大臣初拟第二。曹振镛谓本朝百余年来三元只一人，因陈继昌已中解元、会元，所以将陈继昌改置首列，陈继昌遂以三元及第。

清另一人三元及第为乾隆时钱棨。钱棨于乾隆四十六年(1781)辛丑科得中状元。

十、险三元

王式丹为康熙四十二年(1703)癸未科状元。

乡试时，同考官荐其为解元，而主考官不许。

此后王式丹连得会元与状元。如得解元极可能为清初第一位三元。但如果得解元，此后也未必会连中会元与状元。

十一、王杰殿试第一

王杰未中进士前曾在陕甘总督幕府，立品正直。

乾隆二十六年(1761)辛巳恩科会试，殿试卷列第三。这一科因为监察御史某所奏，改为先拆弥封得知名字后再定状元。因为王杰为陕西人，陕西人从未有得中状元者，于是乾隆帝特拔王杰卷置第一，而将原第一赵翼换至第三。

乾隆帝《御制辛巳御殿传胪纪事》诗有云："西人魁榜西平后，可识天心偃武时。"是时西域底定，为示偃武倡文，所以诗中提及王杰抡元。王杰中状元后，正色立朝官至大学士。

而赵翼失却即将到手之状元，引为恨事，虽受乾隆帝赏识，但官仅到道员而止。不过赵翼归隐后著文，著作等身。

十二、秦大成

秦大成事母纯孝。曾经续娶某氏女，结婚当晚，女啼哭不止。经问，知该女有夫，但其父母因为以其夫贫，逼其改嫁。秦大成急招其夫至，令即夕成婚，并以奁具相赠。

乾隆二十八年（1763）癸未科，秦大成会试取中，取得殿试资格。但房师戴第元见他的字很差，告诫令其练字，称现在的字仅可三甲，如快快学习有所提升还有望二甲。秦大成于是昼夜练习，等殿试对策时字好了很多。

殿试时刘统勋为阅卷大臣，已定褚廷璋为第一。褚廷璋同乡某与褚廷璋有隙，对刘统勋说："外间早已迎新鼎甲矣。"刘统勋大怒："岂我亦有弊乎？"遂以十一卷至二十卷进，而改置卷一至十卷于后。

秦大成原为第十一名，结果换后秦大成竟成状元。

论者以为，秦大成德行格天，而有此美报耶？而刘统勋被人利用而已，褚廷璋同乡是妄为小人。

十三、殿试引见不到降甲

乾隆三十四年（1769）己丑科殿试，钦定前十本季学锦卷列一甲第三。但小传胪时季学锦引见不到，因而降至三甲末。

因为有此规定，小传胪时进士不敢不到，但也有因故不到者。

咸丰九年（1859）己未科，朱学笃卷列二甲第一，也因为引见不到降为三甲。

十四、禁殿试前进士颂联

乾隆三年（1738），乾隆帝下谕，称向来新科进士于殿试之前有呈送颂联之陋习，而近来此风又觉渐炽。要求礼部出示晓谕，严加禁止，诸生策内不许用四六颂联。如有违旨仍蹈故辙的，经访闻或科道官参奏，必将违旨之人一体从重治罪。

殿试之期，皇帝亲制策问，试题不拘旧式，以免诸生预先揣摩。

十五、科名迟速有定

乾隆二十八年(1763)癸未科会试，张书勋原为第三名，但因论误斥去。

向例，已定名次者因误斥去的，在备卷中搜得一卷以补，以免有误名次后的名次调动。而于备卷中搜得秦大成卷，秦大成在殿试中竟得状元。

三年后，张书勋则中丙戌科状元。

有人感叹，可知科名迟速有定数，名次先后亦有定数。

十六、入翰林者年少

李孚青于康熙己未年(1679)入翰林，年方十六。洪昇撰写《长生殿》时住在李孚青家，李孚青之父极为赏识洪昇。

清代年轻者中进士者，还有康熙十二年(1673)癸丑科纳兰容若年十九，康熙三十九年(1700)庚辰科史贻直年十九。

十七、科场佳谶

乾隆十年(1745)乙丑科庄存与中榜眼。其弟庄培因赋诗："他年令弟魁天下，始信人间有宋祁。"后庄培因果中乾隆十九年(1754)甲戌状元。

此虽为家巷美谈、为科场佳谶，但也人称庄培因傲之兄长，骨肉至亲以科名高下相睥睨，正见其器量之小。

十八、殿试不宜专重字体

咸丰元年(1851)，监察御史王茂荫上奏，称殿试朝考务重文义，请读卷阅卷大臣不论字体工拙，专取学识过人之卷进呈钦定，而使天下晓然于朝廷所重在文不在字。

但礼部议驳，不准王茂荫之请。

十九、张廷玉历主试事

张廷玉于康熙四十五年（1706）丙戌科、五十一年（1712）壬辰科、五十四年（1715）乙未科为会试同考官，雍正元年（1723）癸卯恩科为顺天乡试主考官，雍正元年（1723）癸卯、雍正二年（1724）甲辰及乾隆二年（1737）丁巳恩科三主会试。康熙六十年（1721）辛丑科，雍正元年（1723）癸卯科、雍正二年（1724）甲辰科、雍正五年（1727）丁未科、雍正八年（1730）庚戌科，乾隆七年（1742）壬戌科，六充殿试读卷官。

康熙四十五年（1706）丙戌科时张廷玉任会试同考官。同人有以微词探之，希图送关节。张廷玉作闱中对月绝句四首，中有云："帘前月色明如昼，莫作人间暮夜看。"其人见之怀惭而退。撤棘后，该句颇为士流传诵。

其他廷试年份，张廷玉多以子弟与试引例回避。雍正元年（1723）癸卯科，其弟廷璩、堂弟廷珩、侄孙若涵，同中会试例应引避。雍正帝特降谕旨，令春充读卷大臣，尤为异数中罕见。

张廷玉二子张若霭原中探花。雍正帝称："朕实出至公，非以大臣之子而有意甄拔。"但张廷玉力辞，将张若霭一甲第三名改为二甲第一名。

照例，仅一甲中进士后才授职翰林院，而其子二甲第一名即授翰林院编修。后张若霭任内阁学士、礼部侍郎、礼部尚书等职。

二十、破体字

朝考殿试最重书法，要以黑、大、光、圆为主，且不可有破体字。

乾隆嘉庆年间普遍崇尚赵孟頫体，破体字亦不以为嫌。有人曾见嘉庆十年(1805)乙丑科状元彭浚殿试卷，破体字极多，而道光后则一笔不可苟且。

二十一、定期焚卷

乡会试及朝殿各试卷，归礼部设库保存，每十科焚毁一次。

二十二、潘世恩重赐及第

潘世恩以乾隆五十八年(1793)癸丑科大魁天下，至咸丰三年(1853)癸丑甲子一周。其时潘世恩早跻台辅，是科其子潘曾莹适奉命典春官试。其孙潘祖以前一年及第。

咸丰三年(1853)，咸丰帝下谕，称大学士潘世恩由乾隆癸丑科一甲一名进士，历事四朝，洊登揆席，年逾八秩，望重士林，洵为熙朝人瑞。届咸丰癸丑科殿试之期例得重与恩荣宴，业经朕亲书“琼林人瑞”四字匾额，先期颁赐以示荣宠。下令，潘世恩之孙潘祖同着加恩赏给举人，准其一体会试，以示朕笃念耆臣有加无已至意。

咸丰四年(1854)潘世恩殁后，咸丰帝下谕，潘世恩之孙潘祖同着赏给进士准其一体殿试，潘祖保着赏给举人准其一体会试。

二十三、殿试卷有重字

光绪十六年(1890)庚寅科状元吴鲁的殿试卷，其中重写一“而”字。而该字正好翻页之处，一在前页末，一在后页首。所以阅卷者匆匆翻过，未及觉察，因而吴鲁之能得状元。

等下科琉璃厂懿文斋书肆将原卷张于壁间示人时，全幅了然，其误乃见。

向例逢会试年，琉璃厂纸笔文具店必设法将上数科三鼎甲殿试卷横张于壁以示人，而使考试者知所效法。观者愈多，则生意愈盛。

二十四、文廷式殿试有笔误

文廷式才学夙负盛名。光绪帝珍妃未入宫时，曾跟随文廷式读书。

光绪十八年(1892)壬辰科殿试时，文廷式误书“闾阎”为“闾面”，经读卷大臣签出。翁同龢有意帮文廷式夺魁，则说闾面二字确有来历。其他读卷官与之相争，称大概为笔误。翁同龢犹强词夺理，称尝以闾面对檐牙，不是误书。文廷式竟以榜眼及第。如果不是此笔误，又有翁同龢力挺，文廷式当中状元。

后此事被御史弹劾。七月间，有江南道御史刘纶襄就此事上疏弹劾。皇帝下谕，称御史刘纶襄奏“殿廷考试请严除积弊”一折，指出廷试为抡才大典，阅卷大臣宜如何秉公校阅，期于无滥无遗，若如所奏，近来殿廷考试，流弊渐多，颇滋物议，亟应严行整顿，嗣后派出之阅卷大臣等，务当悉心详阅，遇有诗赋失音、出韵及引用舛错、点画遗落者，一律签出，不准拟取前列。其分阅未入己手之卷，并不准检寻移置，致滋弊端。如有校阅草率，应签不签者，如经看出，定当予以惩处。至呈递诗片，与科场暗通关节者无异，倘有此等情弊，一经发觉，定行分别严惩。读卷阅卷大臣，均系朝廷特简，谅不敢有心欺罔，该御史所请钦派王公监试之处，着毋庸议。

因珍妃之助，后文廷式翰林院散馆大考时得一等第一名，由正七品翰林院编修直升从四品翰林院侍读学士，兼日讲起居注。

二十五、骆成骧中状元

光绪二十一年(1895)乙未科殿试，本来萧荣爵拟状元，骆成骧拟传胪即二甲第一名。

进呈后光绪帝见骆成骧卷有“主忧臣辱，君辱臣死”之句。不久前甲午战争败于日本，光绪帝大为感动，乃拔骆成骧为状元，改萧荣爵为第四。

第五节　翰　　林

一、玉堂华选

贡士参加殿试后成进士。进士通过朝考后，综合会试及殿试、朝考名次，再考虑省份等因素，优者改庶吉士，进翰林院学习，号称玉堂华选，俗称点翰林。

但庶吉士只是有了到翰林院学习的资格，还不是真正的翰林。只有庶吉士学习期满考试散馆后，留在翰林院的才是真正的翰林。原来二甲进士留翰林院的授编修，三甲留翰林院的授检讨。

不能留馆的庶吉士，或者到六部任主事，或者到地方改任知县。不过任知县也是优于其他出身，不限常格，榜下即用。

号称仕路以科目为正，科目尤重翰林。尤其是吏部尚书与礼部尚书只有翰林出身才有资格担任。大臣去世后，只有翰林出身才能得谥“文”字。

二、翰林大考始于雍正

雍正十一年(1733)四月，雍正帝颁布上谕，称嗣后庶吉士等虽经授职为翰林院编修或检讨，数年或十年以后要再加考验，如果学问依然精熟，必从优录用，以示鼓励。而如果学问生疏，亦必加以处分。此为翰林大考之始。

翰林大考参加者翰林院编修、检讨以及詹事府詹事等。考得一等以及二等前数名可得迁擢,二等后几名也有赐物。而如果允赞考三等末则要改官降黜,而编修检讨考三等末则夺俸。如果考至四等,则降斥。

所以翰詹一般皆怕大考。时有诗云:“金顶朝珠褂紫貂,群仙终日任逍遥。忽传大考魂皆落,告退神仙也不饶。”

三、曾国藩三甲点庶吉士

曾国藩殿试只列三甲,一般三甲改庶吉士者较少。曾国藩极为懊丧,出榜当天就想归乡。当时劳崇光任编修,劳崇光极欣赏曾国藩之才,极力慰留,并保证尽力助曾国藩点庶吉士。

朝考当日,劳崇光请几位善书者待在家中,又借十匹好马。待朝考曾国藩出场默写其诗,请善书者抄写后令人骑马分送权要。曾国藩朝考果然位列高等,终点庶吉士。

但曾国藩终以三甲为恨。任两江总督时偶与宾客语及“如夫人”三字无对。李元度应声对“同进士”。因三甲称同进士出身。曾国藩闻听色变,李元度也大惭。

翰林院庶吉士散馆考试时,名单进呈候皇上朱笔圈出留馆者。有位居高列而不留馆的,也有以枢臣之力以考试二等留馆。曾国藩虽是三甲,但散馆考试时也留馆,授翰林院检讨。

一甲三人殿试后即授职,不待三年散馆即得学政和主考,故得科名者以鼎甲为最荣。

曾国藩在翰林大考时得二等,所以超擢迅速。

据说曾国藩参加大考时,当时由许乃溥负责。一老翰林请许乃溥关照,只求无过,不求有功。许乃溥告其等完卷后在卷上微洒墨水数点以易辨认。曾国藩完卷后加笔帽时墨水溅出,洒卷上数点。许乃溥看到后以为是老翰林，将其列二等末。评阅完毕上呈道光帝审定。道光帝披阅到二等卷时，翻到曾国藩之卷，还没来得及细看，正好有要事。道光帝于是匆匆发出，而曾卷已居二等首。

曾国藩于是超擢为翰林院侍讲学士，由从七品翰林院检讨直升从四品。

四、阎敬铭散馆列乙等

道光二十七年(1847)庶吉士散馆，赋题为“拟庾子山春赋”。既限官韵，又令能记原赋者可步原韵。

阎敬铭志在必得一等，因而用原韵。但后半篇的韵不能全记，以致韵脚大乱，考入乙等，改以部属用。

阎敬铭极为懊丧，后虽任军机大臣，犹以此为憾。

五、庶吉士教习一年授为科道

顺治十三年(1656)颁布上谕，称庶吉士教习已一年可授为科道，如有忠言谠论方为不负所学。所以当年庶吉士授为监察御史、给事中者甚多。

而此后无此例，只有翰林院编修与检讨才有考选监察御史的资格。

第六节　其　　他

一、万寿开科

康熙五十一年(1712)，各省士子以康熙帝圣寿六十请开恩科。事下礼部议，部臣以没有旧例准备议驳。

尚书王掞独持异议。称以万年圣主当六旬大庆，这怎么会有成例？如果以靡费为嫌，而民间家长生日子孙尚不惜尽出所有以宴饮娱宾。何况天子富有四海，而还要在乎浪费吗？于是请求康熙帝，康熙帝即同意开恩科。

后雍正帝登极开恩科。至乾隆帝时皇太后万寿亦开恩科。

二、张廷玉阻废制义

雍正时有议变取士法废制义者，雍正帝问张廷玉是否可以。

张廷玉称："若废制义，恐无人读《四子书》讲求义理者矣。"遂罢废制义之议。

三、舒赫德请废制义

乾隆九年（1744），兵部侍郎舒赫德请废制义，事下礼部议。鄂尔泰为尚书，驳舒赫德之请。

鄂尔泰首先承认虽然时文有弊，但一时找不到更好的办法。正如圣人不能使立法之无弊，关键在于因时而补救。以八股文取士，自明开始至当下近四百年。虽然知道其有问题而守之不变，不是不想变，而是实在是改变后没有更好的取士之法。就时文而论，皆为阐发孔孟义理，没有不深明书理而能称为佳文的。文虽称小技，而文武干济、英伟特达之才，未尝不出于其中。虽然也有一些奸邪之人及迂儒之士为天生而成，虽然不工时文但也难以避免，这不能归错于时文。

鄂尔泰进一步强调，用其他方法选士也会有问题。人心不古，上以实求则下以名应。兴孝则必有割股庐墓邀名，兴廉则必有恶衣菲食、敝车羸马以饰节。相率为伪，其弊尤繁。因而莫若惩循名之失，求责实之效。如果司文衡职课士之官，果真能实心仰体，力除积习，杜绝侥幸，那么数年以后士皆潜心体用之学，则将文风日甚、真才日出。

鄂尔泰又指出，以上专就文学而言，至于人之贤愚是否有能力，并非为文字所能决定。所以立法取士不过如是。

最终下结论，不需要更张定制，不必废除时文。

四、衡文巨眼

八股文有其客观标准，对于同一篇八股文不同阅文者有大致相同的看法。

康熙二十年（1681），方象瑛与王材任四川乡试正副主考官。当时四川兵革方定，满目荆榛。方象瑛与王材殚心搜拔，唯恐偶屈一士，最终得士四十二人。每拆一卷，当地人就额手称庆。尚未榜发时，学政冯云骧列名士三十人，验其得失。榜发，三十人中中者二十五人，副车三人，所未见者只有二人。蜀人相传以为佳话。

乾隆二十七年（1762），吴鸿任湖南学政，该科正副主考官为钱大昕与王杰。吴鸿最欣赏五人，称这五人不中以后不再论文。等榜揭晓之日，吴鸿招客具饮，使人打听发榜情况。等榜来后，自六名至最后，吴鸿欣赏的五人中只有一个，吴鸿大窘。未几，报来五魁名单，而另外四人皆为列前五。吴鸿大喜过望，作诗以志其盛，和者三十余人。

五、搜检

考试功令不许夹带片纸只字，大小一切考试皆然。康熙五十九年（1720）庚子顺天乡试，特命十二贝子监外场，搜检甚严。

道光、咸丰以前大小科场搜检至严，甚至有解衣脱履。同治以后，禁网渐宽，搜检者不甚深究，于是诈伪百出。但仍不敢公然作弊。

清末有笔记,称清末科举可公然带书进入,实不足信。而有今人著作中引此为例,称清末科举考纪松弛。实误。

六、乾隆甲子科搜检之严

乾隆九年(1744)甲子科前期,乾隆帝听闻士习不端,怀挟拟题之风日甚,准备痛加惩处。下令亲王大臣严立搜检之法,搜出一人怀挟一人者赐军役一金。

而士子褫及亵衣,待黄昏时受卷入场者寥寥。士子多退归寓舍,快就寝的时候忽传旨尽放进。等钦命题下,未能完善曳白者乃至二千余人。

乾隆帝下诏切责,并裁减各省中额。

七、会试关节

科场关防一向严密。但至道光时日渐松散,某权相树党,其门生年家子弟及有以文字著名的,场前皆预送条子为文中关节,久之相习成风。

有某部郎中,颇束身自爱。某科会试考试完毕,向乡试时老师呈送文稿。该老师甚重其文,但怪其不预送条子。而郎中称,门生初试不知条子为何物,又恐怕愧由诡道贻师门羞!该师咈然不悦称,你不受栽培以后不必来看我了。该郎中这科虽中,但不能点庶吉士,称其为老师阻碍所致。

八、考试送关节

某科题为"子谓子夏曰"全章。某生与考官暗通关节,令于破题中连用四个一字,某生破题,"儒一而为不一,圣人一勉之一诫之焉”。榜发，果中高魁。

某科诗题为“所宝惟贤”，某卷以水烟袋三字散见于点题中，以为关节。句曰“烟水潇湘地，人才夹袋储”。可谓天然无痕。

某科一卷，于试帖诗第一句用一谨字，题为“江涵秋影雁初飞”。作诗者为吴中名士，该句为“谨步司勋句”。后来虽然同考官推荐而未中，但不得不服其心思之巧。

九、考官恶触家讳

光绪时，裕德屡充主考官或阅卷官。见字句中有犯其家讳的即起立，肃衣冠行致敬礼。然后将卷搁置，不再阅卷。

十、磨勘官人称魔王

磨勘自乾隆二十四年(1759)己卯开始严格。当时磨勘官宫焕文、阎循琦、朱丕烈等尽心细核指摘较多，人称“魔王”。因魔与磨同音。

同治十二年(1873)，梁僧宝任磨勘官，爬剔极严，主司同考多获谴。人亦呼梁僧宝为“魔王”。梁僧宝不安其位，以病乞去。

十一、有怨报怨

相传考场有鬼神报恩报怨。开考前，至公堂前放过九声大炮。摆出香案，由书办跪请三界伏魔大帝关圣帝君进场镇压，周仓巡场。

每号门前一面红旗，一面黑旗。号军大喊：“有恩报恩，有怨报怨。”恩鬼怨鬼直待号军这一喊，方始进场。

恩鬼蹲在红旗下面，怨鬼蹲在黑旗下面。报恩报怨，花样百出。而考生宁可信其有，不愿信其无。

十二、怨报诗

咸丰二年(1852)壬子科浙江乡试第二场,山阴某生闱中发狂病,曳白而出。

卷面题二绝句。一是:“记否花前月下时,倚栏偷赋定情诗。者番新试秋风冷,露湿罗鞋君未知。”二是:“黄土丛深白骨眠,凄凉情事渺秋烟。何须更作登科记,修到鸳鸯便是仙。”落款书“山阴胡细娘”。

某生很快卒于寓所。

有评论者称,轻薄之报乃至于斯!

不过也有人称或许因该生压力过大所致。

十三、对对难

某地有老师与弟子同赴省试。至一关口,天晚关闭。

老师出对:“开关迟,关关早,阻过客过关。”

弟子应声答:“出对易,对对难,请先生先对。”

该科弟子中,而老师未中。

十四、张英麟

咸丰八年(1858)戊午科山东乡试,张英麟中举。

该科山东试题“太宰知我乎一节”,“太”应照原书作“大”。曹州知府张文林看出,告考官。题已印就,考官于是设法除去一点。正考官太常寺卿郑敦谨对张文林甚为感激。

张英麟本因涂抹过多而被弃。张文林力荐张英麟中举,称磨勘无非罚停一科,不可弃之。

后张英麟任都察院都御史。张英麟终身事张文林为师。

十五、誊录

浙江乡试，经常以金赠送誊录手中善书者，潜递关节。因为其誊卷朱色鲜明，字画光整，易动阅者之目。

也有已获科名者贪得厚利，甘冒誊录之役，甚至私携墨笔点窜试文，中式则可得重酬。

十六、作文字不可有名士气

士人能早成一日进士，便可早做一日事业，可以济物，可以扬名。好高骛远者以名士自居，薄场屋文字，误用心力，与寒畯角胜。而至白首无成，家国一无所补。

前明以来，四书文之传世者，大都为中进士之人。苦志青衿，仅仅百中之一。何去何从，还不清楚吗？

十七、文字勿涉刺诽

言为心声，先贵立诚。无论作何文字，涉笔游戏已伤大雅，若意存刺诽则天遣人祸相随。

乌台诗案中苏东坡如果不是遇到宋神宗，安能曲望矜全？士子守身如执玉，一定不要以文字招祸。

十八、勿作秽亵词

文以载道。秽词亵语，下笔时心已不正。阅者神识昏摇，必有因而瞟行之人。人谪鬼祸，忏悔无期。

自来文人多悲薄命，未必不由于此。

十九、汪辉祖

汪辉祖年十八时，应乾隆十二年(1747)丁卯科乡试。祈神得签："举头莫道青云远，得路先凭博陆侯。"霍光曾封博陆候，汪辉祖以为是遇霍姓考官方能考中。因而遇乡闱辄盼霍姓考官典试，而不可得。

后汪辉祖年已三十八，是科考官为博、陆二姓，该科得中。

二十、命归朱衣

欧阳修知贡举时，坐后常觉有一朱衣人。朱衣人点头，则文中选。一开始以为后面为侍吏，等欧阳修回头，则背后无人。

因而以朱衣点头指被取中。常有句云：唯愿朱衣一点头。

二十一、分省取士

康熙二年(1663)癸卯科会试，粤东无一取中者。东莞举人林贻熊等联名吁请，朝廷定分省中额之例。

定直隶、江南、浙江、江西、湖广、福建为大省，山东、河南、山西、广东、陕西、四川为中省，云南、广西、贵州为小省。每省均有中额。

二十二、考试改策论

光绪二十四年(1898)戊戌变法。该年四月光绪帝下令，自下科始，乡会试及生童岁科改试策论。

变法失败后，该年八月，光绪帝奉慈禧太后之命，各项考试仍用《四书》文、试帖、经文、策问。

光绪二十七年(1901)七月，光绪帝下令，自第二年为始，乡会试等均试策论，不准用八股文。

主要参考文献

1. 《钦定台规》,海南出版社,2000 年。
2. 奎润等纂修,《钦定科场条例(上、下)》,岳麓书社,2020 年。
3. 王炜编校,《〈清实录〉科举史料汇编》,武汉大学出版社,2015 年。
4. 商衍鎏,《清代科举考试述录》,故宫出版社,2014 年。
5. 《清朝野史大观(上、中、下)》,上海科学技术文献出版社,2010 年。
6. 昭梿,《啸亭杂录》,中华书局,2012 年。
7. 赵翼,《廿二史劄记》,凤凰出版社,2008 年。
8. 梁章钜、朱智,《枢垣记略》,中华书局,1984 年。
9. 刘体智,《异辞录》,中华书局 1988 年。
10. 刘禺生,《世载堂杂忆》,中华书局 1960 年。
11. 孟森等,《清代野史》,中国人民大学出版社,2012 年。
12. 高阳,《柏台故事》,华夏出版社,2004 年。
13. 胡平,《清代科举考试的考务管理制度研究》,中国社会科学出版社,2012 年。
14. 李世愉、胡平,《中国科举制度通史·清代卷》,上海人民出版社,2017 年。
15. 刘海峰、李兵,《中国科举史(修订本)》,东方出版中心,

2021 年。

16. 沈兼士,《中国考试制度史》,山东画报出版社,2019 年。

17. 马庆洲,《清代历科状元策汇编》,北京大学出版社,2021 年。

18. 刘社建,《古代监察史》,东方出版中心,2018 年。

19. 刘社建,《清代监察史》,格致出版社、上海人民出版社,2019 年。

图书在版编目（CIP）数据

清代科举监察 / 刘社建著. —上海：东方出版中心, 2022.8
ISBN 978-7-5473-2016-7

Ⅰ. ①清… Ⅱ. ①刘… Ⅲ. ①科举制度－研究－中国－清代 Ⅳ. ①D691.3

中国版本图书馆CIP数据核字（2022）第122679号

清代科举监察

著　　者　刘社建
责任编辑　沈　敏
封面设计　钟　颖

出版发行　东方出版中心有限公司
地　　址　上海市仙霞路345号
邮政编码　200336
电　　话　021- 62417400
印 刷 者　山东韵杰文化科技有限公司

开　　本　890mm × 1240mm　1/32
印　　张　7
字　　数　152千字
版　　次　2022年8月第1版
印　　次　2022年8月第1次印刷
定　　价　58.00元